錢穆作品精華

文化與教育

錢穆

三民書局

錢穆作品精萃序

錢穆先生身處中國近代的動盪時局，於西風東漸之際，毅然承擔起宣揚中華文化的重任，冀望喚醒民族之靈魂。他以史為軸，廣涉群經子學，開闢以史入經的嶄新思路，其學術成就直接反映了中國近代學術史之變遷，展現出中華傳統文化的輝煌與不朽，並撐起了中華學術與思想文化的一方天地，成就斐然。

三民書局與先生以書結緣，不遺餘力地保存先生珍貴的學術思想，希冀能為傳揚先生著作，以及承續傳統文化略盡綿薄。

自一九六九年十一月迄於一九九一年十二月，二十多年間，三民書局總共出版了錢穆先生長達六十餘年（一九二三～一九八九）之經典著作——三十九種四十冊。茲序列書目及本局初版日期如下：

中國文化叢談……（一九六九年十一月）
中國史學名著……（一九七三年二月）

中國歷史研究法……（一九八八年一月）
論語新解……（一九八八年四月）
中國史學發微……（一九八九年三月）
新亞遺鐸……（一九八九年九月）
民族與文化……（一九八九年十二月）
中國思想通俗講話……（一九九〇年一月）
莊老通辨……（一九九一年十二月）

二〇二二年，三民書局將先生上述作品全數改版完成，搭配極具整體感，質樸素雅、簡潔大方的書封設計，期能以全新面貌，帶領讀者認識國學大家的學術風範、思想精髓。

謹以此篇略記出版錢穆先生作品緣由與梗概，是為序。

三民書局
東大圖書 謹識

序

昔李塨嘗言：「萊陽沈迅上封事，曰：『中國嚼筆吮豪之一日，即外夷秣馬利兵之一日。卒之盜賊蠭起，大命遂傾。天乃以二帝三王相傳之天下，授之塞外。』吾每讀其語，未嘗不為之慚且痛。」郭嵩燾亦云：「自宋以來，盡人能文章，善議論。無論為君子小人，與其有知無知，皆能用其一隅之見，校論短長，攻剖是非。末流之世，恨無知道之君子，正其議而息其辨。覆轍相尋，終以不悟。」穆髫齡受書，於晚明知愛亭林，於晚清知愛湘鄉。修學致用，竊仰慕焉。而深味夫李郭二氏之言，未嘗敢輕援筆論當世事。國難以來，逃死後方，遂稍稍破此戒。譬如候蟲之鳴，感於氣變，不能自已。而人亦多嬲以言者。積三四年，薄有篇帙，茲彙其有關文化問題者為上卷，其討論學術趨向者附之。關於教育問題者為下卷，其牽及政風治術者附之。都凡二十篇，聊存一時之意見。而李郭之言，固常自往來於余之胸中也。中華民國三十一年六月十八日錢穆識於思親彊學之室。

文化與教育 目次

上卷

中國文化與中國青年

國人對於東西文化之討論，已歷有年矣。或主文化無分中外，惟別古今。秦以來之中國，實相當於西洋之中古時期，是不啻謂中國進化落後，再走一步始成現代化之西洋。其文化之先後，即文化之高下也。此蓋本諸西洋進化派人類學家之主張。或謂中國當急速全盤西方化，此則視文化如商貨，謂可攜挾稗販，自彼而至此。其意近於西國文化播散論者之見解。是果有當於東西文化之真象乎，抑切合於中國之實情乎？凡此姑皆不論。要之進化論與播散論之兩派，已為西方談文化者已往之陳言，迭經駁正，不足復據。蓋此兩說，有一共同謬誤，即蔑視文化之個性是也。若就世界現存文化別類分型，則斷當以中國印度歐西為三大宗，時賢主其說者以梁漱溟氏之《東西文化及其哲學》一書為最著。梁書頗滋非難，然謂中印歐三方文化各有個性，則其論殆無以易也。

夫文化不過人生式樣之別名，舉凡風俗習慣信仰制度，人生所有事皆屬之。則世界各民族文化繁頤，居可想像。而必舉中印歐為世界文化之三型者，蓋論文化首當重二義：一者文化當為大群眾所有，二則文化必具綿歷性。當吾世而求其擴廣群，歷永世，可資衡論者，則無踰中印歐三方。而之三方者，又各自有其獨特之個性。然而亦復有其共通之精神。其所獨者不能外其通，亦必明其通而其所謂獨者隨以顯。文化之通則，必在其大群眾有以泯其內部小我個己之自封限，自營謀，一切自私自利心，而能相互掬其真情以為群，夫而後其群乃可大，乃可以綿歷而臻於久。否然者，分崩離析，如氷之泮，如花炮之爆放，剎那暫現，且不瞬息而解消以至於滅盡。其所以泯小我封限營謀一己私利之心者，則仍必探本人之內心本性之所固有，就其當境呈露而為教。否則如沐猴而冠，其勢亦不常。此人類內心本性所固有，而以泯其小我封限營謀一己私利之心者，在孔門儒家則謂之仁。非仁無以群，非群無以久，非久無以化，非化無以成文。是為人類文化之大源，亦即人類文化之通性。而人心之仁之當境發露，則又時時隨其年壽對境而有異。大較言之，青年少年則常見於孝，壯年中年則常見於愛，老年晚年則常見於慈。曰孝，曰愛，曰慈，皆仁也。青年無不知孝父母，壯年無不知愛配偶，老年無不知慈倫類。就其當境發露於不自覺之際，而親切指點以為教，使其恍然於所以破封限，豁營謀，解脫其自私利之心，以直達夫明通公溥者，循是而推之，而仁不可勝用矣。中印歐三方文化大流，莫不汲源於此，而各有其所偏。大抵中國主孝，歐西主愛，印度主慈。故中國之教在青年，歐西在壯年，印度在老年。我姑錫以嘉名，則中國乃青年性的文化，歐西為壯年性的文化，而印度則老年性的文化也。又贈之美謚，則中國為孝的文化，歐西為愛的文化，而印度為慈的文化。中國之孝弟，西洋之戀愛，印度之慈悲，各得仁之一面。見其獨，可以會於通，固未有捨人心之仁而可以摶大群而演永化者。

哥德，北歐文學之聖也，著少年維特之書，維特以愛綠蒂而自殺。夫以一男愛一女，不能自解脫，而至於殺身以殉，其事在中國印度，若皆不可以為訓，而歐洲人讀者，莫不奉其書為文學之聖？豈不以男女相愛，正為歐西一大教。抑且為歐西文化一柱石。方維特之愛綠蒂，維特僅知有綠蒂，不知有維特也。方維特之自殺，維特僅知有對綠蒂之愛，亦惟此可以掬出其中心之愛，使之發達而成全。在彼知有愛，不知有自殺也。維特之煩惱，非人人之所有，而維特之愛，則凡壯年男女皆有之。人必具此而後有以破小我之封限，豁其營謀，解脫其一己私利之纏縛，而直入於無人我之仁。亦必人人具此，而後可以相與結成大群以演進此燦爛之文化。哥德特借此以為教，彼其深入人心者，即文化之所資以發皇而茂遂，則彼烏得而不為文學之聖者，其書又烏得而不為文學之上乘。

有中國青年攘臂扼腕於吾側，曰，有是哉！子之言也。我常讀少年維特之書，而吾心戚戚焉，效死而弗去。故農業民族之生命，常帶青年性。何以謂之青年性，以其為子弟之時間也特久。古曰五口之家，則一夫一婦或一老而二幼，或一幼而二老。又曰八口之家，則一夫一婦上事老，俯畜幼，而又有兄弟之比肩而同室也。此無論幼者之為子弟，即彼一夫一婦為一家之主者，亦既上事老人，則仍為子弟，仍是青年也。大舜五十慕父母，是大舜五十而不失其為子弟之心境，則五十而青年也。故曰：「大人者，不失其赤子之心」。即大人而青年也。濱海商業民族之情則異是。商人輕離別，唐之詩人已詠之，而濱海商人為尤甚。風帆遠往，瞬息千里，長途涉險，存亡不卜。吾嘗遊於閩海之涯，問其漁村之習俗，夫出三月而不返，妻即別嫁，此非農村人情之所堪。晉重耳誡其妻曰：「待我二十五年不來而後嫁」。其妻曰：「我二十五年矣，又二十五年而後嫁，則就木矣，請待子。」狐死正首丘，農民之必返其故鄉，乃使其妻守死以終待。航海駕濤者不必返，乃使其妻別嫁不終待。夫婦之倫既別，父子之情亦異。濱海之民，無老無少，莫不有子身長往之想。流離變遷是其常，家人團圓，非所思存。故其青年之與老人，皆有自由獨立之概，皆壯年也，其一生之為壯年期者獨久，故曰商業民族常帶壯年性。中國與西歐之異在是，而印度復不然。地居熱帶，民性早熟，十五六即抱子女為父老，三十四十稱壽考焉。當淨飯王子以二十九歲一青年幽居宮庭，而其意想已臻老境。故曰：我見一切世間諸行，盡是無常，其人生觀如是，故捨一切世俗眾事，遠離親族，以求解脫，捨家而去，此全是老人態也。又其土肥沃，其產豐饒，不煩力利，而終不勝其弊。漢儒賈誼極言之，曰：「商君遺禮義，棄仁恩，并心於進取，行之二歲，秦俗日敗。故秦人家富子壯則出分，家貧子壯則出贅。借父耰鉏，慮有德色。母取箕箒，立而誶語。抱哺其子，與公併倨。婦姑不相說，則反唇而相譏。其慈子耆利，不同禽獸者亡幾。」何以耶穌釋迦唱之為教主，而商君行之資詬病？豈不以農村社會其勢常聚而不散。父子雖分居，而田畝相毗接，屋廬相鱗比。父缺耰鋤則借之子，母乏箕箒則丐諸婦。離棄其仁恩，而不能隔絕其聲息之相通，不能斷割其貨財之相利。則是教之為不仁。烏有人之不仁而可以群而久者？君子見牛不見羊，則以羊易牛。父母寧不如一牛！然則中國人不言孝，何來有中國五千年綿歷不斷之文化？

由是言之，中印歐三方文化之各異其趨，乃天地自然之機局，而非一二人之私智所得而操縱。然使割截人生青年壯年老年為三期而許我擇其一，則我必願為青年。使橫裂中國印度歐洲之三界而許我選其一，則我必樂居中國焉。何者？青年可以望壯，壯者可以望老，而慈者不再壯，壯者不再青。孝其父母，豈有不愛其配偶，慈其倫類？今日離棄父母而嚮汝妻，又曰出家絕俗而歸汝真，捨此以趨彼，故歐土不重孝，佛徒不言愛，是中國得其全，而印歐得其偏。中國如新春，前望皆生成也。歐土如盛夏，前望則肅殺矣。印度如深秋，前望則凝寂矣。故中國居其久，而印歐居其暫。或疑青年柔弱，不敵壯者之剛強，是亦不然。壯者強於氣而薄於情。孔子曰：「血氣方剛，戒之在鬪，」其病在於急佔有而易分裂。青年柔於情而厚於愛。孔子曰：「血氣未定，戒之在色。」然而有強者起於旁，則子弟之護其父兄，常不啻手足之捍頭目。其長在於團結而不散。最近三十年來歐洲兩大戰爭接踵而起，而中國四年之抗戰，乃以至弱拒至強，此皆其明徵大驗也。中國亦有唱壯年之教者曰墨翟，中國亦有唱老年之教者曰老聃，然而為中國民族文化之教宗者惟孔子。凡沐浴薰陶於孔子孝弟之教者，終其身一青年也。可愛哉！中國之文化。可羨哉！中國之青年！

然而我竊觀於今日中國之青年則異是。攘臂疾呼以自號曰吾青年，吾青年矣。抑其所拜蹈歌頌者，則曰平等，曰自由，曰獨立，曰奮鬭，曰戀愛，曰權利，此皆壯年人意氣也。然則如何而始為青年？孔子曰：「弟子入則孝，出則弟，謹而信。汎愛眾，而親仁。」子夏曰：「賢賢易色，事父母能竭其力，事君能致其身。與朋友交，言而有信。」孔子，青年之模楷。《論語》，青年之寶典也。此吾先民精血之所貫注，吾國家民族文化之所託命。迷途之羔羊，吾謹潔香花美草薦以盼其返矣。

（三〇、一〇、一五、華西大學文化講座講演辭，刊登《大公報》三十年十一月星期論文）

中國文化與中國軍人

中國文化，無疑為世界現文化中最優秀者。取證不在遠，請即以中國文化之擴大與綿延二者論之。中國文化擁有四萬五千萬大群，廣土眾民，世莫與京，此即其文化偉大之一徵。學者常以中國漢代與西方羅馬相擬，然二者立國形勢實不同。中國漢代乃一組織的國家，羅馬則為一征服的國家。漢王室雖起於豐沛，漢國都雖建於長安，然非江蘇人或陝西人攫天下而宰制之，實係中國全國民眾之共同結合，組織一中央政府，設首都於長安，而擁戴劉氏為天子。當時所謂關東出相，關西出將，明由全國各地人才，操使全國之政柄。不僅服宮從政之機會公開於全國，他如教育兵役賦稅各項權利義務，莫不舉國平等，彼此一致。故知中國漢代之大一統，乃由一大平面向心凝結，此乃一種行使人才政治之文化國家也。羅馬建國則絕不同。彼乃以羅馬一城當中心，向外放射，征服各地。故羅馬疆域，雖包有西班牙，希臘，北非，西亞，然決不能謂羅馬帝國乃由西班牙人希臘人乃至北非洲人西部亞細亞人與羅馬人共同組織之。實乃由羅馬人征服此各地而統治以軍隊，又朘吸此各地之財富，以為此龐大軍隊之供養。故知羅馬版圖乃由一中心向四圍放射其強力而造成。此乃一種行使武力統制之侵略國家也。羅馬與中國漢代，實世界人類建立大群國家之兩型，亦即現世界東西兩大文化性質互異一特徵。

中國為一行使人才政治之文化國家，此自兩漢以來，隋唐宋明迄於今茲莫不然。西洋為一行使武力統制之侵略國家，亦不僅於羅馬，近代如拿破崙希脫勒，所力征經營者皆是。即彼所謂新興民族國家，以自別於中世紀之帝國者，幾莫不佔有國外殖民地，而以武力統制，又朘吸其財富以供養其武力。又何莫非羅馬之遺型？又何莫非以武力統制之侵略國家乎？

故中國民族之創建其國家，有一特性焉，即對內曰團結，對外曰和平是也。然中國民族之對外和平，亦非不能有擴展。中國民族最先立國，乃在黃河中流之兩岸，寖假而展擴及於長江，又寖假而展擴及於遼河與珠江，又寖假而展擴及於黑龍江與瀾滄江。中國民族之和平伸展，駸駸乎有自文化國家漸趨而達於文化世界之境之勢，治國平天下，此固中國民族自古已之有理想抱負也。

今試通觀人類世界史，中國民族所創建之國家，乃常為全世界歷史過程中每一橫剖面下最大之國家。故中國國家之偉大，不僅在其一時之平面，而尤在其表現於悠久歷史上之立體之偉大。

若就中國漢代與羅馬比，以中國近代與蘇維埃美利堅比，此僅見中國國家偉大性之一面。必就人類以往全史進程，而縱觀通覽之，則當有羅馬時無美蘇，有美蘇時無羅馬，而中國獨巍然屹立於人類全史過程中，而迄今無恙，此乃見其偉大性之全體也。

故中國文化，不僅有其展擴，而尤有其綿延。必就時空立方大全體觀之，乃見中國文化優秀之價值。西洋文化雖亦同為現世界人類文化綿延悠久之一系。然譬如長距離賽跑，西洋文化乃一種接力跑、傳遞跑，而中國文化則為個人繼續不歇之全程跑。希臘覆亡，繼之以羅馬，羅馬毀滅，繼之以近代之海國。西葡崛起，繼之以荷法與英倫。頃者海國之勢又漸絀，西葡荷法相繼顛踣而繼之以德蘇陸國之崛興。其間輪番交替，新興者驟若不勝其健快，不逾時則又不勝其疲憊焉。在中國則兩漢，隋唐，宋明，有持續，無替代，有頓挫，無交換。較之一時之驟起，健快若不逮，而篤行穩步，始終不懈，則曠觀全世界人類文化長距離賽跑場中，實為惟一的好漢子也。

抑中國民族參加如此長程賽跑，隨時所遇短跑健將乃多不勝數。匈奴，鮮卑，突厥，回紇，吐蕃，遼，金，蒙，滿，強寇頑敵，環踞四起。野心狡慮，不忘侵略。而我中國民族終有以保持此和平文化於不敗。此無他，由我傳統文化內部包蘊一種極堅硬強韌之抵抗力故也。則請繼此一言吾中國傳統文化下之軍人精神。蓋中國文化雖尚和平，而同時又富彈性，不易制壓。以漢唐中國北部邊境言，西起河湟，東迄遼海，橫亘數千里，較之意大利北部阿爾卑斯山，如巨靈與侏儒之不可並論。然匈奴突厥之兇鋒，不能逞於吾，乃西向歐陸而肆其蹂踐。中國對北方蠻族防禦完成，而羅馬則否。此中國民族和平文化中自有一番奮鬥精神之壯旺不衰之顯徵也。此種壯旺不衰之奮鬥精神，乃洋溢於中國史之各頁。尤可驚異者，蒙古崛起，挾其震古鑠今之武力，鐵騎所至，靡不摧枯拉朽，如秋風捲殘葉，無足當其鋒。而其時中國已為宋金西夏三分之局，而蒙古獨自成吉思汗至忽必烈，積五世七十八年之戰鬥，乃始得志。而南宋襄陽合川之守，乃為蒙古騎兵踏遍亞歐兩陸所未前遇之堅壘。至於今日之抗戰，尤為中國民族和平文化中一段奮鬥精神壯旺不衰之當前顯徵。試問中國文化既尚和平，乃何得而有此？曰此其背後，蓋有中國軍人一種特有的戰鬥心理焉。此種戰鬥心理，乃為支撐中國和平文化重要一柱石，請再進而申論之。

近百年來，中國正當滿洲部族政權積禍積殃之餘，而又值歐洲工商科學新文明驟起突盛之際，鴉片戰役以還，積一百年之挫辱撓敗，國人痛心疾首，不察其癥結所在，而相率以中國傳統文化為詬病。慮無不羨涎於歐洲之健鬥，鄙中國為怯懦。乃最近世界大戰續起，有兵不血刃而下一國，有大軍百萬俯首解甲而作俘虜。尤甚者，如捷克波蘭法國，論其戰鬥精神乃下吾遠甚。此何故？曰惟戰鬥心理相異故。見可而進，知難而退，此兵爭之常律，歐人莫能外。而中國軍人乃不然。見可有不進，知難有不退。於是東西雙方之戰鬥心理乃大見其相異。惟其見可即進，故其使用武力無節限。無節限則耗減衰竭隨之，而終不免於大挫敗。惟其見難即退，故一挫敗則鬥志沮喪而易屈服。見可不進，斯其氣力常蓄藏而有餘。見難不退，斯其氣力之蓄藏於平日者，乃奮發於一時，而見為不可勝。故在彼以至強而可以驟變為至弱，在我以至弱而終堅持為至強。何以見可即進，見難即退？曰其所重乃在利。何以見可有不進，見難有不退？曰其所重惟在義。中國民族之和平文化，乃一種尚正義的文化。中國軍人之戰鬬心理，乃一種仗正義之心理也。古兵法有之，曰：先為不可勝，以待敵之可勝。又曰：後之發，先之至。此中國軍事哲學之最高理論，亦即中國和平文化之最堅壁壘也。中國民族以正義和平為職志，故常不喜先動武力。一旦強敵入侵，兩軍相對，中國軍人乃發揮其捍衛正義見難不退之精神而屹然為不可動。敵人惟利是視，其先由見可而進，其後乃不得不由見難而退。故中國武力之發動雖在後，而最後勝利點之爭取轉在前。凡中國文化之所以綿延展擴以迄今茲，蓋胥賴中國軍人此種戰鬬精神之配合。當國力充之盈，常以文化護養武力而不使之浪費。當國步之艱難，乃以武力捍衛文化而不使之摧折。侵略國家則不然。國力充盈，則文化浪用武力而使其耗竭。國運艱難，則武力脫離文化而促使之消亡。侵略國家之驟盛而驟衰者在此，文化國家之常弱而常強者亦在此。

雙方之戰鬬心理既異，斯其所崇拜者亦殊。侵略國所重在勝利，故失敗亦在所恕。蓋勝敗兵家常事。責其勝，不能不愿其敗。文化國所重在和平，故每不欲多上人，然亦不輕為屈服。否則，既不獎勝，又不恥敗，則將常為人腳下泥，供人踐踏，何以自立。故侵略國之所懽忻歌舞讚拜誦揚者，皆一時獲得勝利之英雄也。拿破崙兵敗於滑鐵盧，親投英艦彼勒羅芬，然無害其為一世所崇拜。彼固已曾得勝利矣。中國則曰明恥教戰。故項王欲渡烏江，而曰無面目見江東父老，終於自刎以盡。彼邦遇智窮力竭，則曰求榮譽之和平。而嚴顏之告張飛，則曰：「西蜀有斷頭將軍，無降將軍。」故漢將如衛霍，唐將如英衛，功業烜赫，而若不為後世所重。在中國之所崇祀敬禮百世不衰者，乃為關岳文史。近人不深曉，或斥之為崇拜失敗之英雄，不知「剛亦不吐，柔亦不茹」中國軍人，初無成敗利鈍之見存其胸中，謂其崇拜失敗，毋寧謂之崇拜正義。正義雖常得最後之勝利，而當危難顛覆之際，正義之尊嚴益顯。中國人既重正義，故以大伐小，雖見為可勝，而鄙之曰不武。唐太宗征高麗，國人皆不欲。太宗違眾意，頓兵安市城下，終於撤師而歸，悔其輕舉。夫以大唐之強盛，加於高麗之弱小，譬如以老牛僨孤豚之上，靡不得志。然而眾意不樂者，非逆億其不可勝，此乃中國民族薰陶於和平文化之下之神智之清明，故雖見可而不欲進。以唐太宗之英武，亦終屈於眾意，不肆情一逞於武力，此中國文化尚和平正義護養武力不浪費之一證也。及於一旦外侮起，和平失，中國武力亦常能奮發以保衛其文化。感天地，泣鬼神，震河岳，變風雲，不足以為喻。戴記所謂「天地有嚴凝之氣，此天地之義氣也。又天地有溫厚之氣，此天地之仁氣也」。一以見天地之尊嚴，一以見天地之盛德。中國文化曰仁孝，曰忠義。仁孝，天地之盛德。忠義，天地之尊嚴。此二者，交染互織以成中國之文化，亦交輝互映以成中國之天地。今日

東西文化之再探討

中國人獨創東方文化，已有其五千年以上深厚博大之歷史，顧其間亦未嘗無與外來文化接觸融和之經過。第一次外來文化傳入，厥為印度之佛教哲理。其事開始於東漢，正當西曆紀元後之第一世紀。其時中國政治制度社會風習以及人民思想經濟各方面，方漸漸走入一衰退之惡運中。對其自身傳統文化，發生甚深微之搖動。而印度佛教乃純以其哲理與信心與中國人以一種和平而純潔之刺激，以獲得中國最高思想界熱烈真誠之同情與探究，而印度佛教遂得全部移殖於東土。其時中國人不僅虛心接受，抑且發揚光大，使流布中國之佛教哲理繼續精深化，而有青出於藍之譽。經過六百年之長時期，當西曆紀元後第七世紀之開始，中國人已自衰退惡運中重新發現其固有文化之精神，創建隋唐統一盛世，燦爛光輝，照耀全宇，而在中國之印度佛教哲理亦已登峰造極，同時發展達於最高之頂點。正當西元七世紀中葉，初唐盛時，中國禪宗崛起，遂使印度佛教哲理完全中國化，以消融和會於中國傳統文化之內。而於是中國人所獨創之東方文化傳統，乃成為包藏有甚深微妙之印度佛教哲理之大寶庫。此乃中國人第一次接觸其近西鄰邦之異文化，而發現中國人驚人的虛心瞭解與深細調和之偉大能力，而完成其東方文化創展過程中一至艱鉅之工作焉。

正當東方中印兩文化在中國境內調和會合之際，而其更西鄰邦阿拉伯有回教主摩罕默德之躍起。自此以往，回族文明，蓬勃光昌，與我大唐盛世東西照耀，為當時東方世界人類文明兩大燈塔。茫茫人海，胥於此仰望而歸趣。而我中國人正以其發皇榮盛之大氣度，披豁胸襟，坦白展開其西北西南海陸兩大交通線，以與阿拉伯波斯回教新文明相接觸。其時大食波斯我西鄰諸邦人，自海自陸，足跡遍中國。邊陲腹地，靡不有其蹤影。而廣州一埠，據晚唐史籍記載，大食波斯商人之寄居者乃踰十萬。蓋已與我中國人如水乳之融，梅鹽之和。其物質食貨之相交易，精神學術之相濡染，其深細博大，尚為近世考古論史者所不盡悉。而回教禮拜堂遂與佛寺道院同為中國人民自由信仰之一宗。而回族人民亦乃為我近代中華共和建國之一支。蓋經唐歷宋迄於西曆紀元後之第十三世紀，華回交通，亦復緜亙六百年之久。而我中國人獨創之東方文化中，又復重新包藏有簡潔剛勁之阿拉伯回教文化之大寶庫。此又中國人再度與其更西鄰之異文化相接觸，而發現我而不幸起衰拯敝之功猶有未竟而積貧積弱之勢，驟難急挽。終不能對北方遼金壓迫，作有力之撻伐。及乎蒙古忽起，以其震古爍今之武力，橫掃歐亞兩大陸，鐵騎所至，如狂風之捲枯葉，絕無能起而抗者。南至印度，西及俄羅斯，無不俯首受其統制。而我中國當病後未健之餘，金夏南宋三方分裂，各自撐持，猶能抗衡達於七十六年之久。經成吉思汗至忽必烈，積五世之經營，而中國全境始為所吞并。則我中國人數千年傳統文化，雖主以平和建國，而其民族之團結堅韌，其抵抗外族侵略潛力之深厚偉大，超出並世諸邦，亦可即此大白以證。然正惟如此，而中國民族所受之創鉅痛深，乃不可言喻。元代之統治歷百載，而明祖光復，其三百年間社會之富盛，疆土之開拓，幾與大唐相並駕。而明代人對傳統文化之貢獻，則實未能超過宋人之上。當耶穌教士挾其西方新文明，遠渡重洋，剝啄款關之聲初起，而明代社會已值魚爛土崩不可收拾之時。不久而滿族入主，中國人屈居部族狹義政權統制之下者又三百年。蓋大體言之，自宋以來千年之中國，正為其文化新生迭受摧殘較為黯淡之期。然馬可波羅於元代來中國，尚復驚詫其政制之完密，文物之富盛，歸而為書以諗西土，西土人怪之，有不以為信者。及夫清代初葉，當西曆十七十八世紀之間，西方學者嘗深羨中國之文教風物，如中國儒家議論，與夫當時康熙一朝之政績，每為歐西人所樂道。蓋我東方文化之繼續影響於西方者，迄茲猶未輟。此雖近世西方學者亦不諱其事。此誠足以證明我中國傳統文化緜歷之久，蘊孕之富。然就中國史本身言之，則此一時期之中國人，實文化，而看法既錯，乃不能如東漢以下，中國人對於印度佛教哲理之從純粹文化真理上探究其本源。於是為西方文化兩大骨幹之宗教與科學，遂同樣為中國人所誤認。中國人大抵鄙其宗教而尊其科學，而中國人所羡者，實乃西方科學應用之效果，非西方科學精神發明之源頭也。近百年來之中國人，遂以其急功近利之淺薄觀念，自促其傳統舊文化之崩潰，而終亦未能接近西方新文化之真相。直至於今，前後幾逾一百年之稗販鈔襲，非驢非馬，不中不西，輾轉反覆，病痛百出。然就中國已往歷史言，印度阿拉伯文明之消融接納，前後各歷六百年之久，而歐洲文化之來東土，則尚不過三百年。雖印度文化之傳入，純以學理信心相感召，故不易起中國人之反感。阿拉伯文化之傳入，正當中國盛世，故易於大氣包舉。今歐洲文化之東漸，一方正值中國衰世，力不足以負之而趨。在中國之接勢既弱，在歐洲之送勢又過猛。十八世紀以下之西力東漸，實以商業兵戎為主，而文化學術為附，亦不能使中國人誠心樂就。合此兩因，遂使近代中國人迷惘前卻，走了一百年冤枉路，而仍未得東西文化第三度接觸融和消化之益。然途窮則思返，今中國國內有識之士，乃漸漸覺悟純以功利觀念為文化估價之無當。自今以後，中國人殆將一洗已往功利積留，回頭重認中國傳統文化之真價值。亦必能同時認識西方文化之真精神。如此融會調和，若以中國對印回文化往例言之，再歷三百年之時期，中國人必能勝任愉快，對此最後一批最遠西鄰之新文化，充分接納消融，以完成其東方文化之創展過程中所遇最艱鉅之第三步工作也。

今再就西方文化言。自十八世紀中葉以後，積二百年來物質生活之突飛猛進，亦復與其以往宗教哲學文學藝術種種傳統相脫節，而形成畸形發展之態。內力不斷向外發射，已達其周限，乃屈折反向自身，而造成近三十年來兩度空前之大戰爭。此後西方人士殆亦將回頭重對其自身文化有一番新認識。則其同時對東方文化亦必將有一番新估價。則最後世界人類兩大文化，一東一西，為茫茫人海之兩座大燈塔，到其時必將放射新光，互相輝映，使人類在驚浪駭濤中，重得靠岸。我儕在此全世界戰雲籠罩之際，而發心為東西文化之再探討，其事雖迂，其願實宏。深識偉抱之士，有聞聲相赴者，我敬先三薰而三沐之。

（三〇、六、刊載華西大學《華文月刊》一卷二期）

東西文化學社緣起

曠觀世界各民族文化大流，求其發源深廣，常流不竭，迄今猶負支配世界指導人類之重任者，在東方厥惟我中華，在西方厥惟歐美之兩支。顧此兩大文化發生接觸，若以我明代末年海上新交通線之創獲為起端，亦復三百年於茲。而論其大體，猶尚以商貨貿易為主，不幸則繼之以兵戎相見。其能為此兩大文化之淵深博大作懇切之介紹與夫親密之溝通者，猶少見。近百年來，中華人士雖多醉心西化，遠渡重洋，虛懷從學者，接踵相繼，前後無慮千萬數。然以正值吾族衰頹之際，而驟覩彼邦隆盛之象，以救急圖存迫不暇擇之心理，而雜以急功近利羨富慕強之私念，因此其對於西方文化之觀感與瞭解，乃仍不能脫淨三百年來商業軍事上習俗相沿之氣味。而歐美學者之對於中國，亦不免以一時貧富強弱之相形見絀，而未能虛心探討中華傳統文化之優美。此在雙方，同為至可悼惜之事。夫各民族文化進展，常需不斷有去腐生新之勢力，而欲求去腐生新，一面當不斷從其文化源頭作新鮮之認識，一面又當不斷向外對異文化從事於盡量之吸收。今我中華文化，在此積貧積弱之後，其有需於一番去腐生新之工作，既已為吾中華有識之士所共認。而西方文化自十八世紀以來二百年間，以各種新機器之發見，而使社會人生忽然到達一從未前有之境界，而人類內心智慧之發展，以及人群組合，國內國際各方面，均未能與新機器之發明聯繫並進，遂使人類社會同時遭遇創古未有之新難題。最近三十年來，世界大戰爭已兩度激起，實為西方文化亦需要急速有一番去腐生新之努力之強有力之啟示與證明。抑且此世界兩大文化，實有為全人類根本幸福前途計，而有相互瞭解與相互溝通之必要與義務。羅君忠恕遊學海外，有心此事，曾於民國二十八年之冬季，兩次在英倫牛津劍橋兩大學發表其對東西兩大民族應對雙方文化各作更進一步之發揮與相互融貫之工作之講演，頗獲彼中有識者之同情。並在牛津劍橋兩大學成立中英學術合作委員會，發表宣言，贊同此事。此外國際知名學者，如愛因斯坦、杜里舒、懷特黑、杜威、羅素、諸氏均通函問，願贊斯舉。羅君返國，因發表中國與國外大學學術合作之建議一小冊，略道其梗概。同人等對羅君意見，甚表贊同，因感有共組學會共同努力之必要，遂發起一東西文化學社，草擬簡章，將本此廣徵國內同志集力進行。一面並擬約請國外學者，密切聯繫，共同合作。際此全世界東西兩方正在共同流血苦鬥之境地中，而吾儕忽倡斯舉，似為迂緩。惟人類文化事業，乃為千百年根本大計。孟子云：「三年之病，而求七年之艾」，同人等竊附斯義，諒國內外學者當不吝於贊助也。

（三〇、六）

東西人生觀之對照

人類對於自己人生的觀念，雖說千差萬別，不勝詭異，然似乎大體上可以只分成兩類。在暫無恰當名稱以前，我們不妨名之為甲種人生觀及乙種人生觀，或說第一類人生觀與第二類人生觀。若定要標以內容含義，我們不妨暫呼第一種為現實的人生觀，第二種為理想的人生觀。

宇宙之偉大，與人生之渺小，雙方極端映照，此為構成每一人人生觀之核心與焦點。大體說來，比較偏向渺小方面者，是現實的；偏向偉大方面者，是理想的。現實的常以自我為中心，為自我而奮鬪；理想的常依宇宙為歸宿，為宇宙而犧牲。這是兩大派人生觀之分野所在。

換辭言之，現實的常有偏肉體的傾向，理想的常有偏心靈的傾向。從偏肉體的方面來認識宇宙，則常主張親驗與實證；從偏心靈的方面來認識宇宙，則常從事玄想與推理。主張親驗與實證，常易走向物質自然環境，為科學與藝術之起源。從事玄想與推理，則走向精神文化環境，為宗教與歷史之前導。第一派喜歡自我的智識與自由，第二派著重對宇宙之信仰與崇拜。

喜歡自我的智識與自由，故主張小我獨立；對宇宙發生信仰與崇拜，故偏於想望大群之團圓。前派可稱為自依的，後派可稱為依他的。因此兩派人生對社群的態度亦自不同。第一派往往被目為俗的，即入世者。第二派則被目為道的，即出世者。其實前一派往往先入後出，而後一派則又往往先出後入。所以謂之先入後出者，他們因注重現實，先在世務上競爭，待其個人成功，則由熱而冷，便想從俗務中抽身享福。所以謂之先出後入者，他們因注重理想，往往先有一段生活，避世絕俗，修道養性，待得有確然自信時，又重行回歸入俗來宣導播揚，為大眾服務。因此第一派之口號常是滿足慾望。第二派的口號則為服從理性。

此兩派人生因對宇宙對社群的看法各不同，故其對自身的態度亦判然有別。大抵第一派是自傲的，以自我為中心，以自我之智識為權力，以自我之伸展為人生之真理。第二派是謙卑的，他們常分心境為天人聖凡道俗理欲的兩界。他們把上部心境（天、聖、道、理）代表超我的高級我。把下部心境（人、凡、俗、欲）代表私我的低級我。因此前一派所發展的是人間世的現實的權力財富地位名聲等等，後一派所發展的是非俗世的理想的，天理良心人格道德等等。再分言之，前一派有時是先傲後卑的，他們主張個人全在同一點上出發，全可做宇宙人生的中心結，這是他們所自傲的。但是實際競爭的結果，有勝利，有失敗。失敗者的權力財富地位名譽種種不如人，自然只有自認卑下。後一派有時是以謙自尊的，他們在所崇拜信仰的最高對象下，各自平等，所以誰也不敢妄自尊大，然而誰也不必妄自菲薄。所以第一派較活潑，因他們在同一點上出動，覺得前途無量。第二派較嚴肅，因他們在同一點上歸宿，覺得責任無限。因此第一派常充滿歡樂的氣分，因塵世現實較易滿足。第二派常附以悲悔的情態，因天界聖境終極難望。

他們的態度，影響於對人。第一派常注重辯論，第二派則注重感化。第一派獎勵聰明，第二派提倡慈悲。第一派常積極企慕成功，第二派常消極提倡同情。第一派的社群，常趨於階級與鬪爭，第二派的社群，則趨於平等與和協。

以上所舉兩派人生，其顯著的對比，可舉西洋史上希臘文明與希伯來文明來作例證。希臘屬第一派，希伯來屬第二派。這兩種顯著的派分，也可從天然環境上說明其背景。希臘人在一個美麗舒服的環境下成長，他們沒有可怕的高山，沒有單調的大平原或沙漠，他們沒有暴風雨惡天氣。他們在一環列秀麗的山和清婉的水的各自分裂下居住。前面常是恬靜的海，上面常是蔚藍的天。希臘人自始便不感覺大自然之威脅，亦不感覺大群社團之嘈雜與麻煩。他們開始其快樂的個人主義的小我自由之現實生活。他們開始為智識之探究。他們沈醉於肉的享受。他們種下了科學與藝術之嫩芽。在他們自身生時已結有燦爛的繁花與甜美的果。至如柏拉圖所倡理念世界之哲學，帶有超現實傾向之意味者，此已在希臘文明盛極將衰之際，露出來的一種人生交替與轉嚮之朕兆。

希伯來人處境與希臘絕然不同。沙漠地帶之單調與沈悶，已使希伯來人的心地與海島居民異致，使他們不得不感到自然之偉大與人生之渺小。又兼長期的民族流亡，西至埃及，東至巴比侖，轉徙播遷，含辛不吐，又使他們感到人類大群的複雜力量與夫自己祖先民族歷史之深遠的追溯。所以在希伯來人中間，便產生了他們創世紀一類的歷史，與夫耶穌的新約。希伯來人自始即在憂深思遠，悲天憫人的心境下生活。他們絕不想到可以用他們自己的智慧，來宰御天然，使為人類享福的材料。更不想到他們應該各個人各自自由獨立，脫離大群社團來向世界別處伸展。他們所想望者，在使自己的社群如何融洽於宇宙；自己如何洽融於大群。他們不惜犧牲渺小的自我來貢獻於宇宙與大群，根本沒有使宇宙與大群來遷就我供奉我的想望。希臘人如小孩在跳躍與歌唱，希伯來人如老人在憂鬱與悲歎。一則如在清晨，一則如在薄暮。若再把別個民族來比擬，則印度比較近希臘，阿拉伯比較近希伯來。❶

❶ 此處易啟誤會。因印度似為代表極端出世的人生，恰與希臘相反，而此處卻謂其比較接近，亦有數故。一則就自然環境言，印度處境極為舒適，比較近於希臘，不近於希伯來。因此印度人之宗教思想中，帶有極豐富活潑的神話，此正與希臘相近，而與希伯來嚴肅的一神信仰不同。印度宗教思想並發展而成對宇宙外界極細密的分析與極深妙的辨證，此亦與古希臘哲學科學思想乃至近世歐洲人思路相近，並不如

希臘人處境的內環實在太柔和了，希臘人對自然界絕不需發生恐懼迫害之感，因此使得他們進一步想改造自然，更來遷就自己。同時，希臘人的外環則甚寬闊，地中海四圍，好像靜待著他們去發展。他們可以駕舟揚帆，任意所之。然而好景不常，歡娛難再，人生到底還是渺小，宇宙到底還是偉大。希臘人的跳躍與歌唱，終於在馬其頓騎兵隊的鐵蹄下停歇。西方羅馬繼希臘而起，羅馬文化依然導源於希臘。羅馬的人生，還是一個現實的自我伸展，復兼以羅馬人軍事與法制的天才，譬之為虎傅翼，更使其飛而食肉，創造一個震古鑠今的大帝國。當羅馬極盛時期，羅馬人的生活，真可算是窮奢極欲，享盡人世間的安富尊樂。然而依然是好景不常，耶穌教徒一種沈重的腳步，連帶一種愁歎的聲息，早已在羅馬帝國的下層大眾勞苦貧窮的集團裏面飛快散布。北方蠻族入侵，帝國瓦解，現實享樂的人生，深深地感到厭倦。棲山遁谷，逃絕塵寰，甚至於自毀肢體，極端的否定小我現實，以期心靈之安寧。在此九十度直角轉嚮之下，歐洲人走上他們別一天地的中古時期。

希伯來宗教之偏於對外之崇拜與信仰。其他，印度社會各階級之凝固性，印度人對歷史觀念之模糊淡薄，印度人藝術方面之發展，皆可謂其比較與希臘近而與希伯來遠。然則印度人之出世思想，只是對現實處境太舒適，使其有無可用力之感，而發生一種玄思與厭倦。至其偏向自然與小我之精神，實與希臘相近也。

歐洲史上中古時期不僅如上述，由第一種人生觀轉嚮而至第二種人生觀，為兩種人生觀之交替。亦因那時歐洲文化已漸漸自希臘羅馬濱海商業城市的活動，轉向北方大陸土著農業的一種自然環境之轉變。經過長期數百年憂鬱的禮拜，悲悔的祈禱，歐洲人最先一種現實生活個人享樂的熱烈要求，禁不住再爆發再燃燒起來。那一種新的活力，依然從歐洲南部海濱商業城市開始。從意大利向西至葡萄牙西班牙，再轉北至法蘭西荷蘭英吉利，從地中海推擴至大西洋，一批批的商人在自由競爭，尋覓與攫奪海外財寶的觀念下，如火花怒放，四散奔迸。那時耶穌會教士卻還手拿十字架，跟隨在商人後面到處宣傳福音。其實敲脂剝髓下的福音宣傳，早已與羅馬帝國時代的地下福音情調大異。從此歐洲人又重新走上希臘羅馬時代的地上小我自由享樂的人生觀。他們稱中古時代為黑暗，他們把這一種轉換叫做文化再生。科學的唯物論，是他們的新宗教。生物的進化論，是他們的新歷史。這又是歐洲人在兩種人生觀上第二度的交替。

然而依然似乎是好景難常，人生有時依然還是渺小，宇宙有時依然還是偉大。最近三十年間連續兩次大戰爭，對歐洲人地上享樂小我自由的人生觀，已是夠打擊了。而且這兩次大戰爭的演變下，德蘇兩國代表著大陸性的兩民族，無疑的做了新戰爭中的一部分主要腳色。在英法新帝國飛黃騰達之時，德蘇尚是落後民族。然而正因如此，近世德國哲學在他們分裂混亂之不幸運環境中產生，始終帶著一種嚴肅深厚的宗教感，與英法新興思想主張現實享樂小我自由者別具異趣。

帝俄志士在沙皇黑暗勢力壓迫下，最近百年來文學思潮上之所表現，更充滿著悲天憫人的宗教熱忱。他們國內大規模的工農組合與夫他們所提倡的世界經濟新秩序，又恰與英美海國商人自由的近世傳統相對照。所以這一次戰爭勝利誰屬，暫可勿論，而歐洲人對其已往兩種人生觀的衝突之再起，及其已有第三度交替的可能之朕兆，則已十分暴露。無怪乎我們可以疑心歐洲或許在最近將來要再來一個耶穌復活，再來一個新「黑暗」。❷

現在讓我們回轉頭來看一看我們的祖國。我們處境，自始即沒有希伯來人那般乾燥與寂寞，我們民族的命運，亦沒有像他們遭遇的沈痛。然而我們亦沒有希臘人那般秀麗的山海與景色。我們沒有像希臘人那樣歌唱高興，但亦沒有像希伯來人那樣悲歎失望。我們有希伯來人一般的歷史回溯，但是沒有發展成他們的宗教。我們有希臘人一般的藝術欣賞，但是沒有發展成他們的科學。我們的人生，似乎正在希臘希伯來之間。若把世界民族文化在上述論點上作一線排列，應該是希臘、印度、中華、阿拉伯、希伯來。希臘與希伯來在兩極端，我中華適處他們兩極端之中心。

❷ 此處只指出目前歐洲文化已有破裂而成兩個壁壘之趨勢，卻非指德蘇兩國之現狀即謂足以代表歐洲未來之新精神。德國哲學中如菲希德及尼采等極端發展自我之主張，如黑格爾歷史哲學以德國民族置於世界全人類文化發展進步之最高點，而鼓吹過度的民族自傲。又如蘇俄共產黨所信仰偏狹的階級鬬爭的理論，皆十足呈現出近代歐洲文化面貌，與英法小我自由地上享樂主義，依然同根連枝。

我們是以崇拜歷史崇拜古代聖賢代替了崇拜上帝的宗教。其實我們民族的崇拜歷史心理，已經是心靈上之理想化，已經是超小我的一種宗教信仰。崇拜古代聖賢，可說是一種人文教。崇拜天國上帝，可說是一種神道教。神道教要求靈魂超升，要求天國福德，是純理想的，極端的，非現實的。中國人崇拜歷史，因此不求靈魂超升，而求子孫緜延。這已在理想的超小我的精神裏面羼進了現實的小我中心的成分。中國人一面崇拜歷史，超乎現實，帶有極濃厚的嚴肅性。但一面又相當看重現實，歌詠人生，接受享樂。因此詩歌文學藝術建造，在中國亦高度發展。中國人仍不失其一種活潑性。但中國人對宇宙到底不脫其虔敬的心理。雖說利用厚生，雖說盡人之性以盡物之性，而到底還是先要正德，最後還是要贊天地之化育。因此中國人沒有像希臘人般想純從人類智慧上去窺探宇宙之秘密，而毋寧說是像希伯來人般卻純從人類性情上去體認宇宙之偉大。因此中國雖有盡物性與利用厚生的主張，而卻只走上藝術的路，沒有走上科學的路。換言之，中國人只在無傷其理想上的宇宙尊嚴之下來利用厚生，來盡物之性。別一面則中國人又只在無傷其現實的人生情趣之下，來崇拜歷史，信仰古人。因此，中國人生有其比較近於中和性的歷史與藝術，而捨卻比較偏於極端性的宗教與科學。因此在中國歷史上表現的中國人生，雖亦有偏理想與偏現實的兩個境界，但是理想既兼顧到現實，現實亦兼顧到理想。絕沒有像西洋史上那般的各向極端相互衝突與相互交替。中國史只似一部西洋史之中和。因此，中國史沒有大起落，沒有激劇變化。

儒家精神代表了中國文化之最高點。儒家精神之禮樂，便是希伯來式的禮拜與祈禱，羼和著希臘式的歌唱與跳躍。孔子曰：「不如富而好禮，貧而樂」。孔子對於現實人生，既沒有像耶穌般痛斥富人，亦沒有如希臘人般一意貨殖。❸

❸此處如分人生為左右兩翼，則左翼為科學與藝術，右翼為宗教與歷史。所謂哲學，本與科學同源，亦復與科學同歸。兩者不啻成並行之兩分派。印度思想中之哲學氣味實極醲，惟尚未發展至如近代之科學。即希臘人思想，自近代歐洲人視之，亦只可謂是哲學非科學。而藝術則印度希臘均仍發達故可同列左翼。若單就中國思想言，如老莊則近左翼。因其抹撥歷史信崇而對自然為一種寧靜深透之觀察與分析，因其對人生亦主小我自由與地上享樂。（此處所謂地上享樂之意味，近印度，不近希臘。）中國道家思想頗近於古希臘之德謨克利特士及伊壁鳩魯一派之自然論，亦復與印度思想接近。故魏晉南北朝時代，佛教教理即以老莊思想為階梯而渡入中華。若墨子則近人生之右翼。雖亦主張歷史信崇，而更超越古聖先賢之教訓而高抬天鬼。其對人生，主嚴肅苦行，犧牲小我以貢獻於大群，儼然迹近宗教。故近人每以墨翟擬耶穌，實自有其相似處。而儒家思想則居道墨之中點。惟若再入細一層論之，則道家與佛說，墨家與耶教，仍各有不同。道墨兩家仍各有其不失為中華思想之特徵處。又上云科學與宗教各居左右兩極端，若把橫線改成圓圈，則科學與宗教正相接近。希伯來與希臘在此綰合而成西方文化之主要骨幹以與東方文化相對照。如此，又可說東方中華文化偏在歷史與藝術的右半圈，而西方歐洲文化則偏在宗教與科學的左半圈。若為人類此後新文化著想，東方人似應從西方純科學的精神上來學科學，卻不必提倡個人的功

讓我們根據上面的分析，再回頭來看一看近代的中國。近代中國人無疑的刻意要走現實享樂小我自由的一條路。他們說：中國已往，只是相當西洋的中古時期，我們得現代化。現代化的名詞下，包含著反宗教迷信，反歷史崇拜，提倡科學精神與個人自由要求。但是這裏面不免有幾點窒礙難行處。第一、科學精神與個人自由要求各有其深邃的真源，非可貌襲而取。在希伯來民族流離轉徙之中，在羅馬帝國崩潰的前後，絕不會發生科學精神與個人自由要求。在滿清部族政權長期壓迫之下，乾嘉以後內亂外侮，相互迭乘，中國人從積威積弱之餘，救死爭存之不暇，同樣的說不上科學精神，與個人自由要求。現代中國的處境，決不能像古希臘，亦不能像文藝復興時代的意大利諸城市。近代中國人追慕現實享樂小我自由，並不能像一少壯青年在生力充沛酣睡初醒開眼起身時的情態。轉而似於日暮途窮，倒行逆施。否則是信陵君醇酒婦人，不啻一種間接的自殺。貌是神非，絕不見其為一種科學精神上之現實與自由。其二，歷史本無重演，近代歐洲畢竟與希臘不同。尤其是十八世紀以後兩百年來的歐洲。希臘藝術勝過科學，所以雖無宗教，尚不甚病。而近代歐洲，則科學勝過了藝術，惟幸而中古時代的宗教已深入人心，尚可以補偏救敝。

利主義。西方人則似應從瞭解東方文化之人生意味中來解決其已往兩種人生觀的反覆與衝突。如是庶可交融互益。而所謂東方文化之人生意味，則實自有其立場與觀點，自有其高明博厚處，卻並非本篇所述兩種人生觀之雙方互打折扣的一種調和與折衷。此諸問題，均已逸出本文範圍，容待他篇另論之。

中國人卻一意專從他們的科學方面著眼，又不能注意到他們科學精神的源頭處，而只看重他們科學方法上之應用與享受。結果貴賓（科學精神）尚遠在門外，而先來了一個惡僕。（赤裸裸的人慾橫流。）其三，現實享樂小我自由的人生觀，其本身已附帶一些毒素，需要有處發洩。近代中國的處境，較之十九世紀上半德意志俄羅斯的地位還要落後的多，然而近代中國人卻無德蘇兩族那一點憂深思遠悲天憫人的氣味，我們儘是憧憬著英法先進諸國的富厚與逸樂。我們既無力向外伸展，我們不得不反身自相魚肉。這三點，便規定了近代中國之病痛與命運。根據上述，我們若要全盤西化，我們應該在希臘現實人生外再體認一些耶穌教的嚴肅性。我們應該在英法海洋商業自由競爭的旁面，再顧及新興德蘇諸國的姿態。❹我們固要科學，同時亦該要宗教。我們固要小我，同時亦該要大群。我們若要全盤西化，便該執其兩端，不應偏走一極。這兩端，在他們便不斷衝突、交替，從異時間看來，便有古希臘羅馬與中古時代的不同，復有中古與近代的不同。從同時間看來，又有最近英法德蘇兩種姿態的衝突。中國若說要全盤西化，又如何把這同時不相容融的兩極端一氣化成。然則執其兩端，還須用其中，卻不可空洞籠統的說全盤化。若要執兩用中，則

❹ 此處語義，與上文論及德蘇兩族者涵義相足。通讀前後，宗旨自顯。惟在國人心習專主崇拜西化者視之，似乎作者亦在主張納粹政治或共產思想，則實與鄙文立意大背。下文所云我們要科學同時亦該要宗教云云，亦請讀者以同樣眼光讀之。

中國自身文化本是這兩極端的中和。我們的歷史崇拜，早已兼盡了宗教的職能。我們的藝術建造，早已預備了科學的先容。只要深透認識我們的固有文化，儘有吸收新質點，擴大舊局面之可能。既不必輕肆破壞，更不必高提人慾。道咸以下人所說中學為體西學為用的新格言，到此似還有讓我們再一考慮的價值。

（三〇、六、一四、成都青年會講演辭，刊登《思想與時代月刊》第一期）

戰後新世界

戰後新世界之輪廓，這是一個值得我們現在提出討論的問題。大家一談到此，便不禁先要問目前戰事的勝利誰屬？竊謂此事雖似重要，而實非討論本問題之關鍵所在。大抵人類戰事，概括言之，不出兩種軌轍。第一種戰爭，起於當時社會上的最高傳統勢力，澎漲到相當限度後而自身破裂惡化，由其內部自起鬪爭。這一種戰事的雙方，雖一時若有勝敗之分，而其實則必至於兩敗俱傷。敗者固敗，而勝者亦非勝，只可謂之暫勝，或假勝，亦可說是緩一步的敗。在此種傳統舊勢力之崩潰下面，則開放著社會新興勢力之生機，而人類文化又得演進到一新階段。第二種戰爭，起於當時社會在傳統最高勢力下，已先有一種新勢力潛滋暗長，而不免為前面固有的傳統最高勢力，即當時社會的舊勢力所阻抑，故意施以摧殘，而激起鬪爭。這一種戰爭，雖若新舊兩勢力強弱懸殊，而此種新勢力，居然能在固有的傳統舊勢力下成長，而又能向此固有之舊勢力奮起對鬪，則此種新勢力實在已經得到初步的勝利。而且已是一種決定性的勝利。當知舊者必覆，新者必興。此種戰爭，亦只是其鬪爭時間之長短問題，而並非勝敗誰屬的問題。上述人類戰爭之兩軌，不僅可以用來解釋歷史上各種軍事的鬪爭，並可用來解釋歷史上各種文化思想的鬪爭。照理言之：戰爭本不是人類社會進步所必要的程序，理想中的人類文化，本不應讓一種勢力過於傳統僵化而阻礙新生勢力之成長。亦不應讓此勢力澎漲逾分，自己腐化惡化而趨於潰爛橫決。因此戰爭本不為人類文化進展理論上必要之一步驟。而就事實言之，則戰爭常常足以為新興勢力開放門路，並促成舊勢力之覆滅，而引速人類文化之演進。

我們根據上述分析戰爭之兩觀念，可以說上次一九一四的戰爭，大體上是一種歐洲戰爭，屬於第一類。第二次目前的戰爭，則是一種世界戰爭，而為上述第一第二兩類戰爭之夾雜。何以說一九一四是歐洲戰爭而屬於第一類呢？我們試放眼通覽世界大局，自十五世紀末葉歐洲西葡兩國發現海外新航線，直到最近四百多年，全世界人類精力表現，幾乎盡在歐洲。這四百多年的世界，簡直只是為歐洲人特設的舞臺。這是一種人類社會的新勢力。這一種勢力，具體言之，是一種中層階級工商階級之資產勢力。向內則有代議政治的爭得，向外則有殖民地之征服。內面的代議政治成立，和外面殖民地征服，是支持這一種勢力的兩個基點，亦是營養這一種勢力的兩條血管。

這四百年來的世界史，大體上以一部歐洲史為主腦，而這四百年來的歐洲史，大體上又以一部英國史為中心。代議制度與殖民政策都在英國收穫最好之結果。英國既然繼承西葡荷蘭諸國之後成為海上皇后，而接踵而起與英國爭此一席者，先有法，次有俄，最後有德。歐洲繼續不斷的鬪爭，直到一九一四而登峰造極。這一個姿態，正如一遠行人，在繞著大彎轉入新方向。然而此非對人類文化演進路程具有超然曠觀之特眼者不之知。若據最近目光視之，則如其人依然逐步前進，看不出他的大彎子與新趨向。惟其一九一四乃歐洲四百年來的傳統勢力在繞大彎轉新向，所以這一個戰爭，只是歷史上一種傳統舊勢力澎漲過度後之破裂與崩潰。德奧方面固然敗了，而英法方面也並不曾勝利，至多是假勝利，是較遲一步的敗。法國不用說。從一九一四大戰之後，領導世界之霸權，海上的新皇后，顯然已自英倫移讓於新大陸的美國。而東亞之日本，亦乘機漁利，其在太平洋上的勢力，漸漸與英美相頡頏。這是戰後英國顯然未獲勝利之第一點。縱然說英國人最能切實因應，其殖民政策最圓滑而成功，而在一九一四大戰結束後，如加拿大澳紐南非諸邦，莫不獲得自治領之地位，與英國本土得有相等之自由。此即證明一九一四之戰，乃歐洲四百年傳統殖民政策之搖動解放與轉變，而非進一步之擴張與征服。若論德俄諸邦，正因軍事失利，而國內政體獲有劇變。且莫問法西斯與共產制度之是非得失，但論這一種轉變的外面，已足證明又是歐洲四百年傳統的代議制度在搖動解放與轉變，而並非中產階級的代議政治之更進一步的穩定與完成。

向內的代議制度與向外的殖民地征服，正是歐洲四百年新興中產階級發皇滋長的兩骨幹。這兩骨幹之摧折，正足證明了一九一四大戰實為歐洲四百年來傳統舊勢力之走向解體。而於是新興勢力遂得乘間擡頭。故說一九一四大戰，是人類文化演進之繞大彎轉新向。

至於這一次的戰爭，顯然與上一次不同。上一次戰爭重心只限於歐洲一隅，這一次戰爭則顯見是世界的。而且這一次戰事之最先發動，不在歐洲，而在東方亞洲。中日戰爭，無疑的將表演成這一次戰爭裏最重要而最有意義之一幕。何以言之？中國自晚明萬曆以來，酣嬉太平之後，一身中了瘋痺症，心臟疲弱，四肢麻木。接著是滿清入主，歐力東漸。本來中國民族在世界人類文化劇場，乃一出色主要名角，曾連演過幾齣大軸好戲。這時候，幾乎被迫退出劇臺，有求為一跑龍套而不可得之勢。直到辛亥革命，孫中山先生以三民主義領導著中國民族為自由解放而奮鬪。這一個新勢力，正在四百年來歐洲傳統殖民地征服政策之潰裂與大轉彎之際出現，無疑將為此後世界文化新趨向一種重要的決定因素。日本則在此一百年內，接受了歐洲科學文明，正在一九一四歐洲戰後，乘著歐洲傳統殖民地經營勢力之落潮，而想與君代興。日本殖民政策，只是歐洲傳統的一條尾巴。所以這一次中日之戰，顯然是上述第二類的戰爭。我們稱之為革命戰爭者，正因此乃一種世界新興的文化勢力與傳統舊勢力之爭。簡捷言之，實為一種反抗殖民侵略之戰爭也。故其意味實與列強間要求殖民地重分割的第一類戰爭迥乎不同。今論對於歐洲四百年傳統殖民政策下之革命戰爭，其第一次自當為新大陸美國十三州之獨立，依次傳播而至南美諸邦，這一個殖民地經營之解放運動，早已遠在一七七六年北美合眾國發表獨立宣言時，放一預兆。然而美洲獨立，依然是白色人種內部的釋放。至於這一次東亞戰爭，則始為白色人種以外的中國民族開始對四百年來傳統殖民侵略勢力之對面爭鬪，故其意味又見不同。然正惟美洲尚是一種殖民地解放之先鋒，故在一九一四的戰事中，即產生了美國威爾遜總統之十四條宣言。歐戰結束後，世界領導權，已顯然有自英國轉移到美國之勢。這是一個殖民地經營的傳統勢力漸漸過渡到殖民政策解放的新興勢力之一個具體標幟。只是歷史變動，常常繞著大彎，不能直捷地轉向。因此歐戰結束，凡爾賽和約之後，居然來了一個日內瓦的國際聯盟。儻使英法對此新機構能誠心支撐，則東亞「九一八」事件，決不如此對付。英美早能合力阻止日本擴張殖民地的野心，則此後世局或可改觀。不幸而英法依然為四百年來歐洲舊傳統所纏縛，沒有能看準此世界文化在大轉彎時代之新路碑，因而在東方激起「七七」事變，為世界大戰行揭幕禮。這一次戰事，中日兩國的激烈鬪爭，正足證明其與一九一四歐洲戰爭之絕然不同性。而這一次美國對戰事的態度，亦與一九一四全異。方一九一四歐戰初啟，美國本意嚴守中立，直到一九一七始行參戰。而臨了的和約，美國人又拒絕批准。可見美國雖參加歐戰，而到底並不在扮演主角。日本對上次歐戰，更是淡漠，只求在東方坐收漁人之利。這一次則日美兩國態度均與上次絕異。美國自始即偏袒英法，此後羅邱會合宣言成立大西洋憲章，遙遙為上次威爾遜總統十四條宣言之嗣響。一面又不辭兩洋作戰之艱苦，日美妥協到底無望，這正說明這是一個世界戰，與上次之歐戰不同。中日美三國已轉居主要地位，太平洋戰事與大西洋戰事至少有同等的重量。根據這兩點觀察，故說這一次戰事始是世界性的，又是本篇所分析第一第二兩種戰爭之混合戰。尤其是太平洋戰事中之中國地位，乃對舊世界四百年傳統殖民侵略文化之一種革命戰爭，更應該具有決定將來新世界之重要意義。

如此照我們中國人立場論之，此次戰爭，直可名為一種開闢世界新文化的戰爭，或簡稱新時代戰爭，以別於以前時代之傳統舊文化的戰爭。自此以前四百年，世界文化傳統為歐洲中心之傳統。此種文化，以四百年來歐洲各國新興中層資產階級為主幹，其對內為爭得代議制度，對外為殖民地之經營。那時的戰事，大體言之，對內則為民主政體之革命戰爭，對外則為殖民地擴張與殖民地分配戰爭。而莫不以歐洲為中心。此次戰爭之第一收穫，則將為殖民地經營之阻抑與停止，以及殖民地統治制度之解放。此後世界新文化將為世界平等，而非歐洲中心，於是而有一種新國際。四百年來之世界舊文化，另換一面看，則為資本帝國主義之文化。若殖民地經營阻抑，殖民地統治解放，則資本帝國主義失其憑藉，而四百年來傳統中產階級，既不能向外榨取殖民地財富以自封殖，其在國內之優勢亦將不能持久。於是各國政治舊體制，亦將依隨變進，成為一種真的全民平等，而非財富中心，或階級專政，於是而有新政體。內部的新政體與外面的新國際，交織

承襲歐洲中心的舊傳統理論。當知馬克思共產黨宣言已遠在一百年前，彼時馬克思亦只依據歐洲傳統中心立論，而未能曠觀全球。近世資本主義剝奪勞工固如馬氏之說，而歐洲資本主義之更主要的基礎，則建築在國外殖民地財富之朘吸。因此資本帝國主義內部勞資對立固為事實，而帝國本身與殖民地之對立，則更屬重要。當知帝國內部無產大眾，較之殖民地富人，大體上說來，他們依然是富人，而殖民地全體才是真正被削剝的勞苦大眾。在歐洲中心圈裏說，資本主義之崩潰，將為無產階級之興起。而在超歐洲中心的整個世界來看，則歐洲中心的資本帝國主義之崩潰，將為殖民政策之告終，與殖民地統治的解放。馬克思諸人之所謂國際，其目光只限於歐洲中心。寗知歐洲以外尚有更多區域，根本還沒有平等的國家地位，更何從而說國際？因此在超歐洲中心的世界趨勢論之，馬克思之所謂國際共產思想，顯然還見其隔膜。而且經濟固然為人生重要的一部，亦決非惟一重要的一部。就歐洲中心的帝國內部而言，勞資階級對立，只是一個經濟問題。只要分配平均，階級對立即可取消。若超歐洲中心言之，凡屬歐洲以外之殖民地與次殖民地，與歐洲帝國主義之對立，除卻經濟問題以外，尚有文化問題，更屬重要。除非如非澳美洲的土人，其文化程度根本不能與四百年來歐洲中心傳統殖民勢力相抗衡，則日就澌滅，不致再引起大糾紛。而亞洲東方諸民族，則原各有其悠遠深厚的文化傳統。至少言之，亦多與歐洲文化同樣悠遠。此等諸民族，雖一時為此四百年來歐洲殖民新潮流所淹浸，然而並不如非澳美洲土人之再無抵抗能力而從此吞捲澌滅以盡。他們遂成為這世界四百年來大潮流下處處潛隱著的暗礁。一九一四歐洲大戰，土耳其雖為失敗的一國，而在大戰結束後，便有新土耳其之興起。此次戰事中，土耳其尚能保守中立，有其舉足輕重之地位。印度民族在上次歐洲大戰中，曾對英國盡其貢獻。這一次英印問題，未得圓滿解決。然印度民族終將奮起，為其民族前途之自由而奮鬬。而英國亦終將停止其對印度作殖民地統治之傳統政策，而無法不允許印度之自治與獨立。中國民族在此一百年內陷於次殖民地的困境，今已全國覺悟，非得民族與國家之解放，其一致抗爭將永不休止。蔣委員長最近曾謂：「中國印度兩民族不獲自由，東亞將永不和平，而世界亦將永無真和平之希望」。此正明白指出了此後世界新時代與新文化之一面。當知此等諸民族之要求平等解放，其內心急渴所望，經濟問題尚在其次，而更寶貴更深刻者，則為文化問題。他們將努力於自身文化之更生與復活，來為此後世界之新時代新文化作有價值之貢獻。決不如馬克思所想像，人類爭端，只在經濟問題，只在貧富分配。亞洲諸民族的傳統文化，尤其是中國與印度，本來素抱世界大同的理想，但在他們國家民族自身沒有得到平等自由的地位時，他們將對此問題，不感興趣。此在孫中山先生三民主義所講頭彩藏在竹槓裏的喻言中，早已吐露得十分清楚。而世界大同若無中印兩民族七萬萬五千萬人民之參加，勢將難於實現。如此則太平洋憲章理當繼續大西洋憲章而出現。而凡疑心此次世界大戰以後，接踵而來者，當為馬克思式之預言，世界無產階級聯合革命，則又如見卵而求時夜，見彈而求鴞炙，未免失之早計。

我們若將上面兩種推測破除，而試預描戰後世界之新輪廓，則大體上戰後世界當為一亞美歐三洲平等分峙的世界。在短期的將來，此三洲皆當自謀一比較和平而寧靜的一段時間，來各各為人類世界更遠大的新文化謀建設。直要到此三大洲文化之發展到相當程度，又互相密切溝通，如中國古代戰國時代，雖列國分峙，而孔子、墨子、孟、荀、莊、老、以及其他各大思想家，幾乎無一不抱超國家的超戰爭的和平世界主義，懸想一個理想的大同世界，漸漸形成一種新力量，而後在封建傳統勢力逐步崩潰之際，自然呈露出一個統一的新境界來。然而這是更進一步的話。若在目前戰後的先一階段，則應該是「世界和平」「民族平等」來代替「歐洲中心」。應該是「全民自由」與「文化自由」來代替「歐洲中心」。應該是「全民自由」與「文化自由」來代替經濟壓迫。應該是一個「國際和平聯合」來代替「武力的殖民戰爭」。以下試就亞美歐三洲各各分別言其概略。

先論歐洲，歐洲是此四百年來的世界中心；而英國是此四百年來的歐洲主腦。因英國人之切實因應，代議政治與殖民政策皆在其手裏達到圓熟。然而此四百年來的資本帝國主義早已走上絕路，英國遂不免為眾矢之的。要在四面八方招架，應付，而英國亦遂感到棘手。若果英國人政治，始終不失為一種開明而圓滑的政治，則英國人將依然運用其切實因應之手腕，邁步追上此世界新潮流，而做歐洲新文化之領導者。德國的納粹主義，對內不脫資本主義獨裁之變相，對外不脫殖民地再分割之老套，全在一種反逆世界新潮流的趨勢下努力，自將見其徒勞而無成。蘇維埃新政制不失為一服針對資本主義之解毒散，將來新歐洲之整理，或將在英蘇合作的條件下完成。歐洲諸國，自中古宗教革命以還，早已失卻其凝合的中心。此後只是絡續分途向外發展，一時並轡聯鑣，若有海闊天空並行不悖之致。然此只是暫時現象，一到世界殖民地宰割已窮，則資本帝國主義之毒素，對外不能暢洩，不免要轉向內部作怪，在自體裏軋轢。彼中數百年來各自創造的民族文化，民族歷史，民族信仰，一旦要求融和凝合，此非易事。此後的新歐洲，因勢利導，第一步恐怕依然是「民族自由」與「國際聯合」兩條老路之分頭齊進。首先我們希望戰事結束後，不再要遺留像以前般的巴爾幹半島與多瑙河流域的複雜形勢，來牽動歐洲全局之和平與寧靜。其次，我們自然希望新歐洲不要做全世界的巴爾幹與多瑙河流域，來牽動新時代的和平與寧靜。新歐洲之將來，定要重新汲源於古希臘之藝術哲學及中古時期之宗教信仰，漸次疑結成一單位，再來貢獻於更遠大的世界新文化。

其次我們說到美洲。美洲只是歐洲文化一新芽，一嫩枝，然而因土壤與空氣之不同，使此新枝繼續成長，漸漸有大過其本幹的趨勢。我常說，現時代國家之體制，只有美國比較最近於中國傳統的國體，因為一樣的不是向外征服的帝國。而遠在一百六十多年前的美國獨立戰爭，實已為這一次的世界文化戰爭樹其先聲。無疑的，此後的美國，將繼續為世界新文化中之有力分子。在現代美國人手裏，具有兩件法寶：第一件是直從新世界移民到十三州獨立以來的一種新的愛好寬大，自由，與和平的心理。此自一七七六年的獨立宣言，直到上次歐洲大戰中之威爾遜總統十四條，以及這一次羅邱宣言之大西洋憲章，都是表示美國人的新鮮氣象與活潑精神。第二件法寶，是歐洲舊傳統下的科學文明。戰後的新世界，雖說要闢開一個與前不同的新時代與新文化，而舊傳統下之科學文明，則仍將繼續增新，繼續發展。美國人因其地大物博，傳統科學到他們手裏，放出一種與歐洲舊世界異樣的光彩，此後必然還要繼漲增高。美國人可以本他第一件法寶，來使用他第二件法寶，為戰後世界物質復興之新源。美國在舊世界傳統文化下是一位小弟弟，他在戰後世界文化裏或將是一位大哥哥。

再次說到亞洲。亞洲是人類文化之搖籃，亦是世界文化演進史裏的老前輩。只在這最近四百年歐洲殖民大潮的衝刷下，遇到種種擊盪與淘汰。但是大體上，亞洲諸民族依然不失其堅韌的存在，並常常不失其文化復興一種真誠的內心需求。尤其是中國，它自然是亞洲一個最光明燦爛的國家。不僅有其獨自創闢與獨自綿歷的一種獨特文化，它并且能吸收融和了亞洲其他各民族文化之優點而冶為一鑪。印度佛教精華，全部在中國。回教自唐宋以來，亦成為中國文化中一部份。中國民族隋唐以前，與其近西印度相接觸。隋唐以後，與其遠西阿拉伯波斯諸鄰相接觸。中國人莫不虛心接納其鄰國文化之淵深處。下至於以物質發明工商技藝相交利，而從不出於武力兵戎之征服攘奪。最近百年來的衰運，自與更遠西的歐洲殖民新潮流相接觸，中國人一樣肯虛心接納。只要可以消融於中國傳統文化下的遠西思想，與文物制度，中國人無不樂於取法。中國民族之復興，與其傳統文化之重光，自將肩起領導亞洲諸民族古文化復活與亞洲諸族新平等新和平曙光之重現之最高責任。日本民族正在歐洲傳統殖民侵略四百年大流將次枯涸之際，要來推波助瀾，此與納粹德國一般，無論如何努力，終將消沮而盡。

如此則只要中國民族奮鬪不衰，亞洲和平自然有它的前程。戰後的中國，一面固當虛心學習歐美文化之一切，尤其在他一時特缺的科學方面，而中國自身所有古文化之淵深博大，如其在政治制度上，教育思想上，及社會倫理上，種種可寶貴的經驗與教訓，實為對未來新世界更進一步之新文化有其極偉大極珍貴之價值。此則中國民族雖在今日艱苦奮鬪之歷程中，不應不急急早有其誠懇之自覺與自負。

臨了，我有幾個簡單信念。我想單是武力與戰爭，解決不了人類的一切。單是經濟與財力，同樣解決不了人類的一切！若用抽刀斷水的辦法，要割斷人類全部傳統文化大流，來在薄薄的橫截面上，以一日之貧富強弱，爭一日之勝敗利鈍，更解決不了人類的一切。當前我們正面對一個有關世界文化的大戰爭，請國人放大心胸，回頭一體味人類世界已往全部文化的演進，把當前四百年來歐洲中心的帝國殖民文化安放它在一個它所應佔之篇幅與地位，則自然我們有勇氣，有信念，可以認識這一個有關世界新文化戰爭之使命與前程，而自己好準備來對戰後新世界走我們應走的路，盡我們應盡的力。

（三一、五、刊載《學思》一卷十期）

新時代與新學術

學術隨時代為轉移。新時代之降臨，常有一種新學術為之領導或推進。大體言之，承平之際，學尚因襲。其時學者，率循前人軌轍，繼續研求，由本達末，枝葉日繁。學術有其客觀之尊嚴。門牆藩籬，不可踰越。方法規模，競相倣效。學者為學問而學問，其所貢獻，乃為前人學業釋回增美，使益臻完密，或益趨纖弱而已。變亂之際，學尚創闢。其時學者，內本於性格之激盪，外感於時勢之需要，常能從自性自格創闢一種新學問，走上一條新路徑，以救時代之窮乏。而對於前人學術成規，往往有所不守。此種新學術，常帶粗枝大葉猛厲生動之概。前者大體乃以學問為出發點而使用學者。後者大體則是以學者為出發點而使用學問。

然所謂新學術，亦是溫故知新，從已往舊有中蘊孕而出。並非憑空翻新，絕無依傍。新學術之產生，不過能跳出一時舊圈套，或追尋更遠的古代，或旁搜外邦異域，或兩者兼而有之。從古人的或外邦人的所有中，交灌互織，發酵出新生命。此種新生命，可以使動亂的時代漸向承平。而此種新生命，遂為其所開新的承平時代學者所遵循，而漸趨爛熟，漸成衰頹，以至於枯老腐敗，而時代又起動亂，新學術再自茁長。

若以此意看中國史，如春秋晚期以迄先秦，如北朝周隋之際以迄初唐，如北宋慶曆熙寧以下迄於南宋之高孝，如明清之交嬗，莫不有此一番景象。他們一面追尋到古代舊傳統，而另一面則遠搜及於外邦異域。孔子自稱好古敏求，同時跨出魯國曲阜的小圈子，遍歷諸邦，一代名賢耆碩，無不奉手請業。其他先秦諸子，大率皆然。魏晉大動亂以後，名流勝業，絡繹渡江。其留滯在北者，困阨之餘，抱殘守缺，轉從古經典得新精神。彼輩流離於長安，奔迸於五涼，轉徙於大同，仍與薊遼齊趙諸儒匯合，又自大同南下而至洛陽。魏孝文時，北方已有一種新發酵，盎然勃然，不可掩抑。其時別有高僧達德，遠行求法，拓迹及於天竺錫蘭。而南方學者亦有返北。錯綜醞釀，磅礴鬱塞，直到周隋初唐，終開中古之盛運。而南朝摩登名流，始終跳不出魏晉老莊之樊籠，宜其不競。此際一段北學精神，擬諸北宋晚明，實無遜色。縱觀西史，情亦略似。當中古時期之末葉，第十四世紀開始，有兩大淵源，近世精神從之發脈。一曰大學校，一曰十字軍。大學校於典籍研索中發現歷史世界，使歐洲人士再得遊神於古希臘羅馬之偉大。十字軍遠征，使歐洲人開眼覲對新東方。即哥倫布探獲新大陸，西方史家亦以謂不啻十字軍之最後一幕。此種舊歷史與新世界之呈露，最足開豁心胸，使人不禁生高瞻遠矚，豪呼狂嘯之情。於是復興革命之機緣成熟，而近代歐洲隨之呱呱墮地。

今日我人之新時代，誠已呼之欲出。而我人之新學術，則僅如電光石火，閃爍不定。尚未到燦爛通明之候。然火種已著，風狂則火烈，不患不有燒天之勢。若放眼從源頭上觀，乾嘉經學，早已到枯腐爛熟之境。道咸以下，則新機運已開。一面漸漸以史學代經學，一面又漸漸注意於歐美人之新世界。此兩途，正合上述新學術創始之端兆。近百年來之中國人，固已盪胸滌腸，渴若飲海，愚欲移山，左右采獲，博雜無方。正如先蘊壓一粒火種，又復積薪不已，雖一時鬱塞難揚，終必怒燄飛熛，破空而熾。

所以近百年來之學術，長久鬱塞，亦自有故。乾嘉與歐美，（此非指目前歐美言。）比較皆在升平盛世，而我儕則局身動亂之中。吾儕最先本求擺脫乾嘉，其次乃轉而步趨歐美。及其步趨歐美，乃覺歐美與乾嘉，精神蹊徑，有其相似，乃重復落入乾嘉牢寵。吾儕乃以亂世之人而慕治世之業。高搭學者架子，揭櫫為學問而學問之旗號，主張學問自有其客觀獨立之尊嚴。學者各傍門戶，自命傳統。只求為前人學問繼續積累，繼續分析。內部未能激發個人之真血性，外部未能針對時代之真問題。依牆壁，守格套。新時代需要新學術雖至急切，而學術界終無創闢新路之志趣與勇氣。

本此癥結，顯二大病。一則學問與人生分成兩橛。不效乾嘉以來科舉宦達，志切祿利，則學歐美自由職業，競求溫飽。二則學問與時代亦失聯繫。學問自身分門別類，使學者藏頭容尾於叢脞破碎之中，以個人私利主義而講專門窄狹之學。學問絕不見為時代之反映，僅前人學問之傳襲而已。學問亦絕不見為人格之結晶，僅私人在社會博名聲佔地位之憑藉而已。平世所重，不妨即在學術自身，故人務獻身於學問而止。亂世所重，則在人才與事業，故學術亦以能造人才與事業者為貴。而當以真血性融入真問題，自創自闢，乃能為新時代新學術之真酵素與真火種。此與工廠化職業化，在現成學問之死格套內從事一釘一塞之畸零工作者不同。然酵素與火種，並不絕於此百年之內，而到底火不燃，酵不發，則尚猶有故。

乾嘉時代，學術與人事脫節，循至政荒於上，民亂於下，其時學風亦漸萌變動。如經學之自校勘訓詁考據漸變而為微言大義經世致用，一也。又變而為史學之典章制度民生利病，二也。向使道咸而下，暫不與外來西洋潮流相接觸，中國社會仍必亂，滿清政權仍必倒，學術思想乃至政治制度社會風俗仍必變。惟若中國先變成一個樣子，乃始與歐美新潮流相接，則中國人可以立定腳跟，面對此新潮，加以辨認與選擇，而分別我之迎拒與蓄洩。不幸鴉片戰爭已佔洪楊發難之先著，中國內部尚未尋得一變的方案與變的機會，而歐美新潮已如驚浪駭濤，排山倒海，洶湧而至。

使中國人立腳不穩，倒栽入漩渦中。其時中國人遂欲一面自變舊學，而一面開迎新學。梁啟超張之洞皆主以中學為體西學為用，彼輩所謂中學，決非乾嘉校勘訓詁考據之遺緒。彼輩之意，殆欲從傳統歷史中求一道路，來創建政治改革社會，自本自根，而副以西方科學與實業圖富強。而歐美新潮，乃如飄風驟雨，挾其萬馬奔騰之勢，蹴踏橫掃而前，中國自本自根之新學術，急切不易變出，而時代則急轉直下。戊戌政變之後，繼以辛亥革命。孫中山先生之三民主義，雖涵蓄深廣，上承遠古，旁采外國，亦主以舊歷史新世界交織互灌，自闢新境。然其黨徒已多所不憭，於是群議眾論，率求以民國政體全部推本之於外國。如是則中學為體之壁壘，已為外面洪流撞一大洞，不可久守。如是而再從政體進一步追尋其根柢，而及於學術思想社會組織，乃至一切文化之全部，繼變政之後而有新文化運動，以及社會革命，乃至全盤西化諸理論。至是則中學為體西學為用八字，乃不敢掛於唇吻，亦不敢藏之心胸。中國人至是已為西洋潮流疾捲而趨，翻翻滾滾，頭出頭沒，再不能挺身站起，對此澎湃洪流，正面一看。

若曠觀世界民族文化大流，求其發源深廣，常流不竭，厥惟兩支。一在東亞，即為中國。一在西歐，自埃及希臘羅馬遞嬗而成今之歐美。滿清盜憎主人，以部族政權入踞中國，常欲窒源堵流，使中華文化漸成死水。斷港絕潢，異於舊觀。道咸時代的中國人，神智尚清，有意為濬源疏流的工作。不幸源不暢，流不壯，而歐美新潮如洚水逆行，衝決堤防，倒灌而入。民國以後人，受此衝擊，神智轉迷。彼輩常求以新水刷舊槽，見雨水鬭嚙，則常怪源塞不密，流堵不盡。故道咸時人尚知反向歷史自尋出路，而民國以來人則重斬此萌芽初茁之新史學，強抑為乾嘉經學之陪臺附庸，而美其名曰以科學方法整理國故。盛譽乾嘉校勘訓詁考據之支離破碎，以謂惟此有當於西洋之科學方法。既抑道咸以來之新史學為經學之陪臺附庸，又抑乾嘉經學為西洋科學之陪臺附庸，其意必欲并黃入淮，納諸一流而後快。而不幸西洋新潮，其末流亦復萬壑競瀉，眾溜爭趨，鬭嚙不已。使人回惶搖惑，驟不得其宗主。即以政制言，或主英美民治，或主蘇聯共產，或主德意獨裁。不知溯其淵源，三者貌異而神同，其本仍出於一。（此層本篇不及詳論）。民國以來之中國人，一面既厭棄昧失其自本自根之舊歷史，故一面雖面對新世界，而亦不能認識其真相。此由目炫神昏，故視而不見。欲復蘇其神智，則當先從大漩渦中救出，使能卓然自立，勿再任此狂濤怒浪吞嚥挾捲而去。然而此狂濤之流力過猛，使人雖欲自拔而不獲。中國人失足倒入此極險惡之漩渦中，則幾已百年於此矣。中國本有急速解決內部問題，再投身加入世界舞臺之機會。待此機會失去，而中國遭受世界外力之纏縛愈緊，中國問題與世界問題紐成一團，如連環不獨解。此為中國人近百年來雖有酵素火種而終不發酵起火之又一因。

整個世界，目下正在演出一新境界。西洋中古時期一股新源噴薄流注，至今已達六七百年。彼輩企慕希臘人生，醉心地上財富，以科學駕御物質，仗智識為權力之努力，迄今殆已登峰造極。

社會貧富不均，已尖銳衝突，而機械文明，亦久已露出其猙獰之面目，張口作噬人之勢。新世界之尋覓，歐亞美非澳以及南北極，均已踏破。殖民地不夠分配，祇啟爭端。世界大戰軒波特起，死傷數千萬。其濠溝中創痍餘生，重在二十年後，領導新壯丁，再上海陸空戰場，續演第二次更殘酷更兇暴之大屠殺。除非西洋文化竟此歇熄，否則此幕終了，歐美人當將轉換作風，別尋出路。或是再修正的新希臘人生，或是變相的新基督教。或則調和斟酌於斯二者。歐美人的新生，無疑的仍將於其已往舊歷史裏得胎。彼輩亦將一洗疇昔民族優秀觀念之傲態，轉面覿對東亞新世界之古文化。彼輩將來無論是再修正的新希臘人生，抑是新基督教，均將大量吸收東方古文化之精液，說不定他們要有一個東行求法的新運動。而中國經此長期抗戰，民族爭存乃至文化爭存之意識，激漲漸至最高潮，適值歐美狂瀾轉為迴波，衝盪之力鬆緩，中國人得以爬出漩渦，立定腳跟，再清神智，來做道咸時代人欲做未做之工程。而此刻已與道咸時代不同，一則已多知道了許多舊歷史，一則已多認識了那個新世界。百年來所堆積，亦未嘗不足為吾儕取精用宏之助。

新時代已面臨於整個世界之前，此新時代之得救，無疑的只有乞靈於世界已往東西兩大民族之文化洪流。然此非一手一足之烈，亦非歲月時日可期。茲事體大，中國問題將在世界問題之解決下得解決。同樣，世界問題亦將在中國問題之解決下得解決。中國人與世界已共同面對此新學術之大使命。惟不知此項使命，究竟卸落在誰之肩上，完成於誰之手裏。中國學者急當廓開心胸，放寬眼界，一面是自己五千年深厚博大之民族文化歷史世界，一面是日新月異驚心動魄的歐亞美非澳全球新環境。向內莫忽了自己誠實的痛癢的真血性，向外莫忽了民族國家生死存亡的真問題。在此交灌互織下，自有莫大前程。至如太平盛世專門名家之業，非不雍容華貴，攀麟附翼，據其現成格套，藏身一曲，既合時趨，亦便採摭，復與私人溫飽相宜。然恐如白雲蒼狗，倏忽變幻，不可控摶。有大志遠識者，當不為此耽誤。

（三〇、五、二一、金陵大學學術勵進會講演辭，刊登《大公報》六月一日星期論文）

齊魯學報創刊號發刊詞

齊魯大學國學研究所本有無定期刊物一種，名曰《國學彙編》。十餘年來，幾度刊布。國難以還，學校播遷蜀中，研究所改絃更張，於是有學報之結集。年定出兩期，茲當首期創刊，謹綴短辭，以諗讀者。

夫學問研討，本屬平世之業。然兵燹流離，戎馬倉皇之際，學術命脈，未嘗無護持賡續之望。此其例，古今中外不勝枚舉。姑就本國近世事言之，則有如滿清之入關，又如洪楊之崛起，其所加於國家社會之破壞皆甚大，而學術不為中歇，乃其間亦有辨。

當明之晚世，士風頹弊極矣。思宗殉國，吳三桂開關揖盜，群奸擁立福王於南中，此何時耶？然留都防亂揭中諸名士，方徵妓選歌於秦淮河畔。侯公子雖父居犴獄，一日不召紅裙，即生寂寞之感。夕陽無限好，只是近黃昏。《燕子箋》，《桃花扇》，正夕陽黃昏交界候矣。惟梨洲老人得度此黃昏，重對朝曦。同時南方如亭林、桴亭、船山，北方如蒿庵、二曲、習齋，寥落若晨星，交耀互映於積陰久霾後之晴空者，方其蒙難蹈變之際，則皆三十四十壯年人也。此皆親睹夕陽，苦熬黃昏，於沈沈長夜中延此一脈，轉此一機，而開有清以來之三百年學術之新運者也。至於洪楊之際則不然。

春蠶到死絲方盡，蠟炬成灰淚始乾！嘉道學者，稍稍悟經學訓詁考據之非，轉而究微言大義，轉而務經世致用。而去軫已遠，來軸方新。雖洪楊之起，如平地春雷，亦足震聾瞶而發視聽。而朝廷未改，衣冠如昔，譬之春蠶作繭，雖縛未死。蠟炬已殘，餘燼猶烓。湘鄉以一身繫天下之重，而文章推桐城，小學尊高郵，考據則宗師金匱，此皆抽未盡之絲，流未乾之淚，非至於蠶死炬灰而不止者也。於時則身歷圍城如汪梅村，避地轉徙如俞曲園，奔迸鋒鏑而不獲永其天年如戴子高，邵位西之徒，凡所畢精撰述以傳貽後人者，類皆嘉道以來之餘絲殘淚也。雖有咸同之中興，而無補於光宣之忽亡，亦職此之由矣！

茲值國步之艱，雖未若晚明，而創痛之深，亦已過於洪楊。驚心動魄，撫來思往，學人之所欣賞而流連者，其果異於古原之夕陽乎？所發憤而努力者，其果異於春蠶之作繭，蠟炬之自燒乎？所矜重而誇大者，其將勿為垂盡之餘絲，欲乾之殘淚乎？吾其入黃昏乎？吾其覿朝陽乎？竊聞之：

風雨如晦，雞鳴不已。而大廈非一木所支，全裘乃眾腋所成。作始雖簡，將畢也鉅。將伯之呼，嚶鳴之求，豈得已哉！

（三〇、一）

下卷

改革大學制度議

今日大學教育有一至要之任務，厥為政術與學術之聯繫。抗戰期間，後方政治之重要，不亞於前線之軍事，其理盡人所知。而抗戰結束以後，百孔千瘡，萬端待理，政治事業之重要與其艱鉅，更將十百倍於今日。而政治事業之推動與支持，則首賴於人才。人才之培養，繫惟大學教育之責。抑政治事業，就廣義言之，不僅於居官從政。社會各方面各部門種種事業之推動支持，均有賴於適當之人才。亦必俟社會各方面各部門事業均有適當人才為之推動支持，而後其政治乃有基礎可以發皇。在朝在野，相得益彰。此項社會各色中堅領袖人才之培養，亦惟大學教育之責。而不幸吾國最近二十年間大學教育之精神，似未注意於此。

吾國最近二十年間大學教育所注意之點，舉要言之，約有三端。一曰校舍之建築，二曰圖書儀器以及衛生體育種種物質上之設備，三曰院系之展擴，教師之羅致，以及課程之增新。

首言建築。舉其著者，北自北平清華，南至廣州中大，東自首都中央大學，中越武漢，西至成都川大，其輪焉奐焉，門牆之美富，宮室之壯麗，彰彰在人耳目，此不得不認為是吾國最近大學教育精神貫注之一端。然與艱難興邦，堅苦卓絕，實事求是之旨，則不能相符。居移氣，養移體，而今日國家社會所需之人才，則在彼不在此。

次言設備。其一部分圖書儀器之購置，與第三項相關，又一部分則屬於生活起居上之講究，與第一項相關。若大學校舍之建築，稍能因陋就簡，不事鋪張，則內部設備，亦自大可省削也。

第三項當為大學教育最高目的所在。然僅僅注重於智識之傳授，無當於人格之鍛鍊，品性之陶冶，識者譏之，謂此乃一種智識之裨販。大學譬如百貨商店，講堂則其叫賣衒鬻之所也。抑就鄙見論之，即謂大學教育最高任務惟在智識之傳授，而今日國內大學之院系析置，課程編配，亦大有可資商榷者。夫學術本無界劃，智識貴能會通。今使二十左右之青年，初入大學，茫無準則，先從事各人之選科。若者習文學，若者習歷史，若者習哲學，若者習政治、經濟、教育。各築垣牆，自為疆境。學者不察，以謂治文學者可以不修歷史。治歷史者可以不知哲學。治哲學者可以不問政治。如此以往，在彼目以為專門之絕業，而在世則實增一不通之愚人。而國家社會各色各門中堅領袖人物，則仍當於曾受大學教育之學者中求之。生心害事，以各不相通之人物，而相互從事於國家社會共通之事業，幾乎而不見其日趨於矛盾衝突，分崩離析，而永無相與以有成之日。

再進而一究各院各系課程之編配，則其細已甚。更有甚者，國難以前，國內最負時譽之大學，莫不競務於院系之析置，教授之羅聘，以及課程之繁列。一學系教授往往至七八人，課目往往至一二十門。而此等課目，則皆此等教授之專門絕業也。二十左右之青年，初入大學，茫無準則，於選科之外，又繼之以選課。治文學者，或治甲骨鐘鼎，或治音韻小學，或治傳奇戲劇，或治文藝創作，亦復各築垣牆，自為疆境。其於文學之大體，則茫然也。其他治歷史哲學以往者，亦復爾爾。近人有識中國教育為一種循環教育者，其意謂受教育者無當於國家社會之用，僅能循環不息，仍以其受教者教人。此亦淺言之耳。今日一大學國文系畢業之學生，即深感不能擔負中學國文教員之重任。何者，彼之所治，乃專門絕業，如甲骨鐘鼎音韻小學傳奇戲曲文藝創作之類，皆非中學國文課所需。中學國文課所需者，乃一略通本國文字文學大義之人才，而今日大學教育，即絕不注意及此。今日大學課程之趨勢，愈分而愈細，如俗所云鑽進牛角尖，雖欲循環，而不可得也。

概括言之，今日國家社會所需者，通人尤重於專家。而今日大學教育之智識傳授，則只望人為專家，而不望人為通人。夫通方之與專門，為智識之兩途，本難軒輊。吾國今日大學制度之淵源，襲自歐美。讀吾文者，必將以歐美大學制度為護符而生抗議。然歐美政治社會與中國未能盡

私意以為現行大學制度，實有根本改革之必要。而改革大綱不外兩端。一曰縮小規模，二曰擴大課程。請先言縮小規模。竊謂將來之新大學，應以單獨學院為原則。其主幹曰文哲學院，理工學院，其他如農學院，礦學院，森林，畜牧，紡織，漁業等諸學院，不妨各就需要，擇地設立。（其年限不妨較文哲理工學院稍短。）惟法律學院與醫學院，應以畢業文哲理工學院或肄業二年以上者入之，與他學院不平行。每一學院之學生數，以二百人至四百人為限，最多不得超過五百人。次言擴大課程。竊謂每一學院之課程，應以共同必修為原則，而以選課分修副之，更不必再為學系之分列。以文哲學院言，其課目應包括現有文學歷史哲學政治經濟教育等各系之主要課目，而設立略通大義之學程。如中外名著研讀，中國文學史，中西通史，及文化大綱，中外人文地理，中西聖哲思想綱要，政治學經濟學大綱，教育哲學及教育方法等。並應兼習科學常識，如天文，地質，生物，心理學各門之與文哲學科相關較切者。此項共通必修之學程，應佔大學全學程二分之一以上。學者於研習此項共通必修學程之外，同時亦得各就性近，分習選科。此項選科之開設，一方就各學院所聘教授學業之專長，一方亦兼顧各學科之重要部分，為學者開示塗轍。各學科之課程不必求備，各學者之選習，亦不必求專。要之大學教育之所造就，當先求其為通人而後始及於專家。而細碎無當大體之學程，則尤以少設為是。關於理工方面，筆者一無所知，不敢妄有所述。惟嘗詢之於理工方面之通人及有志青年，亦多病今日學校開設學科之細碎，與夫基本智識之不夠。則其受病，蓋亦與文哲方面略似。竊謂亦當如文哲學院辦法，理工合院，不更分系，多授基本通識，而於本國通史及中西聖哲思想綱要二科，亦必兼治，以藥偏枯之病。然必有為今日造就專家教育辯護者，其論點計必舉實用主義為依歸。惟即就實用言，通人達才之在今日，其為用尤急於專家絕業。十數年來，學者爭以文科為無用，而竭力提倡理科。彼不知一國社會教育政治經濟各方面苟無辦法，則其自然科學亦絕難栽根立腳，有蒸蒸日上之望。今自抗戰以來，學風之變，激而愈遠。投考理學院之學生，群然轉嚮而考工學院。試問理學院無基礎，工學院前途何在。若就文法學院論，則哲學系早有關門之勢，最近文學系亦漸漸有追隨哲學系而閉歇之傾向。稍次為歷史系，較盛者為政治系，尤盛者為經濟系。試問一國之政治不上軌道，經濟豈能獨榮。亦未有其國人全昧於已往之歷史，而政治可以有辦法者。亦未有其人絕不通文學哲學，而可以通史學者。僅以實用主義談教育，必使學者專務於謀出路，尋職業，自私自利，祇圖溫飽。而整個教育精神，亦必陷於急功而近利，捨本而逐末。嘗發狂論，謂學者競捨理學院入工學院，更不如離棄大學而入汽車行之為愈。教育精神自有其大者遠者，此則惟通才達識者知之，擅一材一藝以絕業名專門者，往往不知也。

若就鄙見所及，創立不分系之學院制，其學成而去者，雖不能以專門名家，然其胸襟必較寬闊，其識趣必較淵博。其治學之精神，必較活潑而真摯。文學哲學歷史政治經濟教育各面之智識，交灌互輸，以專門名家之眼光視之，雖若濫雜而不精，博學而無可成名，然正可由是而使學者進窺學問之本原，人事之繁賾，真理之奧衍，足以激動其真情，啟發其明智。較之僅向一角一邊，汲汲然謀學成業就，有以自表見者，試問由其精神影響其事業，其為用於國家社會者孰大。必學術丕變，而後人才蔚起。上述國家社會各色各門之中堅領袖人才，可以推動支持一種事業，撐成一種局面者，殆將於此求之也。其有刻意潛精，願畢生靖獻於一種專門學術之研究者，則於普通學院之上復設研究院，以資深造。

若論人格之鍛鍊，品性之陶冶，此亦學業進行中應有之一項目。苟治學為人，可以絕然分為兩事，則其學之與其人，亦居可見。依鄙論，大學有教授，即不必再有導師。若大學教育能有造就通才之師資，則其人格之鍛鍊與夫品性之陶冶，亦已一以貫之矣。更不必騎驢而覓驢，疊牀而架屋也。誠使將來之大學，變為不分系別之獨立學院，其校長與教務長對於全校四五百學生之生活與性情，必能熟悉無遺，因材施教，始有可能。而全校教授，最多亦不致超出二三十人之數，可由校長教務長斟酌盡善而加聘請。其學術行誼，精神意氣之相投，較之今日一大學文法理工學院教授百許人相集合，牟牟然各不相認識，各不相聞問者，亦必判然有間。學者耳濡目染，較有軌轍可尋。教授之於學生，縱不能一一全識，亦必認得其十分之六七。(以不分系故)而學生之於教師，則大抵皆可全識，不致路途相遇，掉臂而過之。(以不分院故)所謂如家人父子然，以人格相感化者，不必在上者之提倡，而自有其境界。不然，如今日者，全校三四院，每院六七系。教授一二百，學生數千人。為校長者，能以權詐術數維持學校不鬧風潮不罷課，已為幸事。學生如入五都之市，目迷五色，耳亂七音。教授之來也，如一漚之漂浪於大海，雖有深願，莫知所施。非專門絕業，不足以撐門面。非標新立異，不足以聳觀聽。學風之弊壞既極，更何論於人格之鍛鍊，與品性之陶冶。

近人亦有目覩大學教育之弊病，而不能洞察其癥結所在，遂提倡恢復宋明書院舊統者。然書院亦已陳之芻狗，非如海上靈方，百病皆效也。竊謂昔日書院舊制，雖有其特點，而近代大學制度，至少有勝於書院制者兩端。一為講堂授課制。原原本本，首尾條貫，表裏精粗，無所不到。昔人云，聽君一夕話，勝讀十年書。竊謂今之講堂制，苟遇良師，則一年授課，實勝如十年之勤讀也。二曰課目分授制。各就專長，分門別類，兼收廣蓄，不名一師，實足以恢張智慧，開拓心胸。較之煖煖姝姝於一先生之言者，相去又不可以道里計。書院制所特勝於現行大學者，在其規模之狹小，師生有親切之味，群居無叫囂之習。若如鄙論，將來新大學以單設獨立學院為原則，則庶兼二者之長，而無二者之缺爾。

今國難方殷，大學教育之缺陷，方更彰著。昔日各大學之建築設備，大多化為瓦礫，蕩為灰燼。學校於播遷流離之餘，亦莫不因陋而就簡。學課之其細已甚者，漸不足以饜學者之望。教者亦苦於窮搜擗摘之無所施其技，而幾於倚席不講。因勢利導，庶其在是。竊謂來日之大學，貴乎艱苦卓絕，而不貴乎舖張揚厲。貴乎實事求是，而不貴乎粉飾門面。貴乎澹泊寧定，而不貴乎熱鬧活動。規模不厭其小，而課程務求其大。所以作人才而培邦本者，其影響於建國前途實非細尠。粗發鄙愚，竊願邦人君子一商討之。

（二九、三、一、《大公報》星期論文）

改革中等教育議

鄙人前撰〈改革大學制度議〉，粗陳涯略，間滋誤會。或疑鄙意菲薄實科與專業，此在原文中說已明，無煩辯解。或疑鄙意提倡通學，有減低大學程度之嫌，則由時賢夙習，尊專業，蔑通學，故云爾。鄙文特主教育旨趣轉換一方向，並與程度高下無涉。昔人論學，每言博約。博不即是通，必博而有統類而能歸於約之謂通。專不即是約，約如程不識將兵，有部勒約束。又如滿地散錢，以一貫串之。故約以博為本。而今之專業，則偏尋孤搜，或不待於博。就此言之，倡導通學，無寧是提高程度也。或主中學教育應主通，大學教育應主專，此亦不瞭通學難企，誤謂略具常識即為通，是又淺之乎視通矣。且學校教育與私人學問，判屬兩事。私人學問當各就性業，畢生從事；學校教育則為青年壯年人樹立一共同基礎，俾可由此上進。今謂中學修其通，大學務其專，是欲以學校教育包辦私人學問，代大匠斲，希不傷手。時論既多主提高中學程度以為大學專精之階梯，爰草此文，再獻芻蕘。

各階段之教育，本各有獨特之任務，中學校非專為投考大學之預備而設。目前各中學程度，難免低落，此乃一時現象。若就民十七至民二十七此十年間江浙平津一帶而論，則中學校課程，已不嫌其過鬆，而嫌其過緊。專就學業知識論，似乎所望於中學生者，已嫌其過高，而不嫌其過淺。中等教育本與大學有別。知識學業之傳授，並不當佔最高之地位。青年期之教育，大要言之，應以鍛鍊體魄，陶冶意志，培養情操，開發智慧為主，而傳授知識與技能次之。今日國內有一至可悲觀之現象，厥為知識份子體魄與精力之不夠標格。一二十歲上下之中學畢業生，已漸具書生氣，精神意識已嫌早熟。至大學畢業，年未壯立，而少年英銳之氣已銷磨殆盡，非老成，即頹唐。社會政軍商學各界領袖，大體年齡，較之歐美各國，比數相差幾有二十至三十年之鉅。中國各界主持活動之強固中心人物，率在四十前後，而歐美各邦，則六十七十不為老。大抵中國人一過三十，便無勇猛精進可言。一過五十，便無強立不返可言。精神意氣早熟早衰，社會活力日以淪澌。儻更不於當前青年教育加意矯挽，國族前途，復何期望？

更論中國知識份子之畢生生活，大體自家庭入學校，自學校入社會，而此社會又大體以都市為限。莫非一溫煖狹隘之境，不啻在花房中玻璃陽光下所煦育之一種盆景花卉也。其自少而壯，自壯而老，常纏綿於閨房之內，流連於城市之間。濈濈濕濕，蟻附蚋集，既以喪其邁往之韻，復以斲其敦厖之質。深山窮谷，驚浪駭濤，心魂既所不接，神情為之噩眙。筋骨柔脆，意興卑近。當其在學校，非不言衛生，而衛生特享受之別名。非不言運動，而運動僅遊戲之餘事。其體魄之完固，精力之瀰滿，姑勿與並世歐美相較，回視百年前吾儕所最鄙視之八股時代，蓋猶有遜色焉。彼時一秀才，赴鄉會試，三年一度，以交通之不便，近者數百里，遠者數千里，經月累時，猶得以跋涉山川，冒歷風霜，識天地之高厚，親民物之繁變。其所以強身體而壯精神之道，有非今日學校青年所能夢想。今則掩目於書本文字之中，放膽於朋偶謦咳之側，體魄衰而精力靡，意志不堅強，情操不高潔，智慧不開敏，而嫥嫥焉惟知從事於知識技能之傳習，造詣有限，運用無力，根本已撥，妄希花果，亦多見其不知務矣。

竊謂今日中學教育，當痛懲舊病，一變往昔偏重書本之積染，而首先加意及於青年之體魄與精力。當盡量減少講堂自修室圖書館工作時間，而積極領導青年為戶外之活動。自操場進至於田野，自田野益進至於山林，常使與自然界清新空氣接觸。自然啟示之偉大，其為效較之書本言說，什百倍蓰，未可衡量。昔德人於前次大戰失敗後，即主以山林自然生活恢復其青年之內心活力。吾國近百年來，全國上下，痲醉於罌粟、沉酣於痲雀，精神意趣，束縛於門庭廛邑之間。毒霧瀰漫，未有所廓清。非大加蕩滌，振奮無由。當使學校一切田野化，山林化，使青年一入學校，恍然於一種新生命新境界之降臨。庶足以掃除國人宴安於閨門迷戀於都市之沉痼，而後身體精神知識事業始有可商。

夫教育精神，貴能因時設施，非有成局定格可以永遵勿渝也。今國民黨人常言忠實同志，此言最堪味。今國人所缺，正在忠實，而所鶩則為聰明。聰明日增，忠實日減。聰明即閨房城市之習，忠實則田野山林之氣。抑聰明者尚知，忠實者尚行。 孫中山先生領導革命，深感時弊，而唱知難行易之教。其用意在勵國人之起而行，非獎國人之坐而知。乃今國人群相曲解，謂惟其知難，故當勉於求知。不知尊所聞則高明矣，行所知則廣大矣。一國事業，知者居其一，行者居其百。今日國人大病，不在知之不足，而在行之無實。國家社會各方面所要之人才，非患其不聰明，而患其不忠實。非患其無知，而患其不行。今日之病，非白癡，非狂惑，乃癱瘓之與萎縮也。而今日國家教育，姑以最好評語加之，則一種徹頭徹尾之尚知教育也。此正如以水救水，以火救火，其何能濟？

抑又有進者。知貴乎個別之鑽研，行貴乎共同之協調。故務知者其群渙，勵行者其體凝。務知，故各以空言爭領導。勵行，故互以實踐期成績。吾國自民四五提倡新文化運動以來，承學之士，莫不曰自由，曰解放。以個性伸展為旗幟，目禮教為吃人之工具。以大群為小我之桎梏，以衝決網羅打破枷鎖為鬪士之光輝。而流弊所屆，特立孤詣之士未見其多，泛駕逸軌之象則層出無已。今日對症發藥，固當裁抑小我，獎進群育。納之軌物，宏以大道矣。

然尚知尚行，特教育精神畸輕畸重之間，非謂其截然劃然如鴻溝之不可踰越也。以舊教育擬之，尚知乃詩書之教，尚行則禮樂之教也。儒者謂禮樂不可斯須去身，以今日學校課程言，體操唱歌即猶禮樂。衡以儒家理論，此兩科當為學校教育之最高科目。日日必修，不可或缺。師生並習，無分上下。大抵初級中學應以樂為主而禮副之。高級中學則以禮為主而樂副之。初級唱歌，宜多製發揚蹈厲之辭，繼以宏大和平之旨。以大群合唱為主，以舞蹈進行為助。務求活潑動盪，開拓其情趣，暢悅其胸襟。而又輔之以晨夕之勞作，健身之遊戲，以及郊外之遠足。至高中則以嚴格之軍事訓練與大規模之山林眺覽夾輔並進，而以競技運動與莊嚴肅穆之歌曲輔之。其他如童子軍青年營等訓練，皆當切實重視，不得目為課業餘暇之消遣與點綴。凡學校師生生活，皆當以禮樂為中心，以鍛鍊體魄，陶冶意志，培養情操，開發智慧為目的。而知識技能之傳習，則降而次之。孔子曰，「行有餘力，則以學文」。子路謂「何必讀書，然後為學。」皆此意也。

或疑若是則學業將有益降愈下之弊。不知苟其人體魄完固，精神充健，意志定而情趣卓，則智慧自開敏，知識技能雖粗引其緒，他日置身社會，自能得路尋向上去。孔子所謂吾見其進，未見其止也。苟既體弱而神荼，志搖而情卑，智慧昏惑，不得安寧，而徒皇皇汲汲於知識之灌輸，技能之修習，今日學校青年之徬徨歧途，煩悶苦惱，激而橫潰，疲而半廢，前車之覆，正復可鑒。

抑學校課程，果能改絃易轍，則別自有取精用宏事半功倍之道。程度之提高，不在於繁其課目，多其鐘點，而在乎門類與內容之精選及教法之嚴格。竊謂今日學校課程，以別擇不精，濫雜鋪張，而浪費精力者，居三之一。以教法不嚴，鹵莽滅裂，而塗塞聰明者，又居三之一。若能刪其蕪穢，抉其菁華，專力并赴，則課程雖簡，而學業自進。合之上文所論，正可收相得益彰之效。

嘗試追求今日學校課程病根，蓋亦自新文化運動以來。一則高唱重新估定一切價值，而結果則支離破碎，漫無準繩。一則提倡科學教育而未得其方，大學專門化之風氣，寖尋波及於中學。一切課目，皆趨於形式僵化，未能提其精英，活潑運用。前者之弊，其著在文科。後者之弊，其著在理科。一則古今中外，淺深雅俗，樊然雜陳，如百衲之衣，天吳紫鳳，破布敗絮，捃摭拚湊，陸離光怪，而不問其何以被於體。一則聲光熱力動植生礦，上自天文，下至地質，山珍海錯，食前方丈，而不問其何以納諸胃。前者病在駁而不純，後者病在積而不化。一則沙石俱下，無益營衛。一則醲肥太過，徒增鬱悶。今日中學課程之改進，惟有二道：曰精，曰簡。庶使學者精力充沛，神智自生。否則買菜求多，學海深廣，青年力弱，終有沒溺之患。

又近制中學分高初兩級，課程多一周環。初中學齡僅當十二三歲，即須離家外宿。學校既護育難周，稚年身心，受損匪細。謂宜仍舊貫，後期小學增一年，而高初中並合為五年制。又宜多設各項補習學校，職業學校，專修學校等，與普通中學並行，一如大學之例。

從整個國家教育之革新來談中等教育

中國創辦新教育，自前清同治初元迄今八十年，始終不脫兩大病。一曰實利主義，一曰模倣主義。實利主義之病，在乎眼光短淺，不從本源處下手。模倣主義之病，則在依樣葫蘆，不能對症發藥。其實二病仍一病也。病在始終缺一全盤計劃與根本精神。我所謂全盤計劃與根本精神之教育，當名之曰國家教育。而前清以來八十年之教育，則殊與國家教育無涉。當其最先所設學校，只限於廣方言館水陸師學堂乃至格致書院之類，充其量，不過欲造就少許繙譯人才軍事人才與製造機械之人才而止。學外國語言文字，根本只為外交作翻譯之用。學格致，根本只為軍事上種種機械製造之用。自始便無一段精神認識到國家教育之深處。此由一種短淺的實利主義作祟，而模倣主義亦自依隨而起。此一病直到民國初年，科舉既廢，政體既改，國人漸漸覺悟教育不僅為繙譯與製造。一時目光，漸漸從軍事與外交轉移到政治法律經濟諸部門，又更進而推及於文哲歷史藝術各類。當時乃有所謂新文化運動，而溯源尋根，仍還自前清同光以來之思想一氣呵成。所異者，前一期乃實利主義為主而模倣主義副之，此一期則模倣主義為主而實利主義副之。而緊接新文化運動之後者，乃為科學救國與科學教育之呼聲。其所謂科學教育者，依然缺乏一根本精神，無當於國家教育之深旨。就其實，仍以實利主義與模倣主義為支撐。不過又復以實利主義為主而模倣主義為副，實利與模倣二者之間，稍有畸輕畸重之轉變而已。此乃民十八以來之大體情形。風尚所趨，近幾年來各大學新生投考，報工學院者異常擁擠，而理學院則寥寥。文法學院獨一經濟學系最盛，而經濟系的課程，亦只偏向於銀行簿計會計管理之類，絕少對經濟學原理有興趣者。哲學系最不受人注意。而五人中至少四人學西洋哲學，至多一人學中國哲學。文學方面則十人中至少八人學西洋文學，至多兩人學中國文學。此乃當面之事實，事實後面透露出一種心理。此種心理之傾向，便足表示一時代之風尚。而此輩中學青年投考大學時之心理傾向及其風尚之來源，則不得不說是教育精神所感召。此種教育精神，直從前清同光以來，一路從源頭上看，又從當前實際情形看，不能不說其仍只為實利主義與模倣主義之作祟。若非為實利主義，何以群趨工科而不習理科？若非為模倣主義，何以群習西洋文學哲學而鄙棄本國文哲？所以民國三十年來之新教育，似乎依然擺脫不掉模倣與實利。實利是其目的，模倣是其手段。實利非不該講，模倣非不該有。然若僅以模倣希冀實利之心理與見解為國家教育之重心，則實利既不可得，而模倣亦且不可能。我們的教育精神與教育理論，實有再反省與再討論之必要。

今當針對時弊，提出兩口號。一曰文化教育，一曰人才教育。此兩口號亦互為表裏，乃主以國家民族傳統文化來陶冶真切愛護國家民族及能真切為國家民族服務之人才。文化教育可以糾正新文化運動以來之一味模倣。人才教育可以包括時下科學教育專重實利主義之偏狹。所謂人才教育者，不僅限於自然科學之一面，而政法經濟文哲歷史藝術諸門亦已兼容并包。此種人才，求其能真切愛護國家民族，求其能真切為國家民族服務，則必以國家民族自本自根之傳統文化為陶冶。否則若其人對英國文學哲學英國歷史藝術乃至英國一切政法經濟之本末源委知之甚悉，而對吾本國之此諸項目一無所知，則其人中心愛護英國之真誠必較其愛護本國者為更深更切。而其人之服務於本國社會，勢必多所扞格，多所膈膜，不能為本國國家民族所理想要求之人才。此理至為顯明。科學可以無國界，政法經濟文哲史藝諸科不能無國界。科學人才雖可由留學教育而造就，政法經濟文哲史藝諸科之人才，則必自本自根由自己傳統文化為陶冶，非外國教育所能代勞。若國內政法經濟乃至文哲史藝諸門皆無人才，皆無出路，則縱有外國教育所代勞而造就之科學人才，亦將感英雄無用武之地之苦痛。故科學教育僅當為人才教育之一部門，當於國家教育之全盤計劃下有其地位與效用。而國家教育之全盤計劃，則必於國家民族自本自根之傳統文化有較深之認識與重視。故講求國家教育之全盤計劃與根本精神，實捨文化教育與人才教育莫能當。

中等教育為國家教育之一環，故中等教育亦當以文化教育與人才教育為主體。若根據此項意見，則當前之中等教育實有多需改正之處。目前中等教育第一大病，在僅以中等教育為升入大學教育之中段預備教育。而大學教育之終極目標，則為出洋留學。換言之，出洋留學，乃不翅為吾國家教育之最高階層。故國內各大學各科教科書，幾乎十之七八以採用西洋原本為原則。大學新生，以先通一種外國文為及格標準。而進入大學以後，則以徑讀西洋原本教科書及進而選修第二外國語為普通之常例。通常所謂第一外國語者，大體乃為英文。故中學教育之中心責任，乃不啻為投考大學之英文補習學校。學生在各科學程上所化之精力，幾乎強半為修習英語之時間。然若此學生將來並無升入大學之機會，則其研習英語之工夫亦強半等於白費。欲矯此弊，首宜釐革大學課程。尤要者，莫如一切教科書均以用本國文字為原則。中國興學八十年，自有國立大學亦逾四十年。前清光緒二十四年舉辦國立京師大學籌備章程有於上海設編譯局，各學科除外國文外，均讀編譯課本一條。乃至今逾四十年，國立大學各學科仍無編譯完備之課本，仍要借用外國原本教讀。抑且一般見解，不以此為可羞，轉以此為可誇。此實四十年來國家教育之失敗，亦四十年來留學教育疲緩不濟事之奇恥大辱也。不僅大學各學科教本必需用本國文字編譯者為原則，即各學科基本參考用書，亦當由國立編譯機關作大量有計劃之繙譯。庶使學者省其攻讀外國語文之精力，以從事於學科本身之精研與深究。尤要者，國家必設法提高本國大學之地位，勿再以出洋留學為國家教育之最高階層。苟使此兩事辦有成績，則庶乎可以走上文化教育人才教育之趨嚮。否則全國青年，當其有志嚮學，即日夕孜孜於外國語言文字之攻讀。及其成學有立之最高階段，又全付其責任於外國人之手。如是而言文化教育人才教育，真所謂南轅北轍，將愈趨而愈遠。更不如緣木求魚之僅止於不可得而已也。

國家教育若誠有意於文化教育與人才教育之兩目標，則又有一事必當注意者，即國立大學當以文理學院為首腦，為中心。其他特殊專門學科如醫工農礦漁牧諸類，不妨因地制宜，多設獨立學院，與大學中心理工學院分道揚鑣。蓋前者為文化人才教育而設，後者則為養成職業技術之專門人才而設。兩者旨趣不同，分之則兩美，混之則兩損也。若大學有此分設之規定，則中學問題亦迎刃而解。中學亦應分普通中學與職業中學兩類。普通中學為文化人才之教育而設，職業中學則為養成職業技術之專門人才而設，性質亦復不同。凡受普通中學之教育者，主旨與大學中心文理學院之教育同，皆以國家民族傳統文化陶冶真切愛護國家民族與能真切為國家民族服務之人才為主。是為國家教育之骨幹。而各項中學職業學校與各項專門獨立學院則如枝葉之附麗。其設科施教，不妨偏於實用，不妨模倣外國之成規，然皆非所語於國家教育之主幹。

若如上論，普通中等教育之主要任務，實當以文化教育為手段，以人才教育為目標。換辭言之，即注重於國家民族傳統文化之陶冶。經此一番陶冶而出者，則當期其為國家民族所理想要求之人才也。本此旨趣，中學教育之中心課務，實當以本國語言文字之傳習為主。夫科學知識可以分門別類，而人生所需要之知識，實不盡於科學知識。因此有許多知識雖為吾人所必需，而往往無門類之可分。因此學校教育若以科學教育為中心，必將遺漏好許為人生所必要之知識。若以文化教育為中心，則此病可免。而文化教育之最重要者，則首推文字教育。一國之文字，即此國家民族傳統文化之記錄之寶庫也。若使青年能讀一部《論語》，讀一部《莊子》，讀一部《史記》，讀一部《陶淵明詩》，彼之所得，有助於其情感之陶冶，意志之鍛鍊，趣味之提高，胸襟之開廣，以至傳統文化之認識，與自己人格之養成，種種效益，與上一堂化學聽一課礦物所得者殊不同。然不得謂其於教育意義上無裨補。抑且無甯謂教育之甚深意義，實在此而不在彼。今日中國學校中對於本國文字之教育，我無以名之，名之曰遷就之教育。夫教育宗旨本在懸一高深之標格，使低淺者有所嚮往而赴。遷就教育則不然。教育者自身無標格，乃遷就被教者之興趣與程度以為施教之標格。夫學問有階級，不可躐等，此義盡人皆知。然文字教育則有時貴乎投入親驗，使之當面覿體，沈潛玩索之久，而恍然有悟，豁然有解。此所謂欣賞，而階級之制限有時為不適用。今國人每議本國文字為深玄難解，不知此當投入親驗。惟讀《莊子》可解《莊子》，惟讀《史記》可解《史記》，若先斥《莊子》、《史記》為難讀，先讀其淺者易者，而文字文學之階層亦重重無盡，若取遷就主義，則更有其尤淺尤易者。日親淺易之讀物，永不能達高深之了解。施教之標格日遷就，受教者之智慧日窒塞。此如希臘神話亞俠兒 (Achilles) 與烏龜賽跑，亞雖善走，將永遠趕不上烏龜。何者，亞之腳步如必依照烏龜前行之距離為比例，而不許其痛快大踏步前進，則勢惟裹足不前，而乃永無追出烏龜之望。今日中國中小學本國文字文學之課程，皆烏龜也。此種遷就主義，不知埋沒冤屈了幾許英才。今日中國一中學畢業生，彼乃無自己閱讀本國古書之能力。彼乃不啻生在一無文化傳統之國家。彼心神之所接觸者，僅限於眼前數十年間之思想事物而止。彼之情感何從潛深？意志何從超拔？趣味何從豐博？胸襟何從豁朗？此等教育，大率為目前計，不為文化之傳統計。此等教育所造就之人才，除卻所謂科學知識外將一無所得。而今日中國中學大學中之教授外國文，則精神意趣，與前所云云者大異。彼尚不失有一標格，而強人以必赴。故即在中學生已有讀莎士比亞之戲劇，雪萊之詩歌者。二十年來，各大學中學學生之晨夕孜孜披一卷而高聲朗誦者，百分之百皆誦英文，絕無一人焉讀本國文學者。若有之，其人必為儕偶所腹誹，所目笑，而彼亦將引為奇恥大辱。然此數十年來，試問國內造就幾許真懂莎士比亞雪萊之文學者乎？以中國之大，有千人萬人熟讀莎士比亞雪萊不為多。獨怪以中國之大，乃漸漸有尋不到能讀本國文學本國古書之青年之情形。彼輩在中學校畢業，既未具備自己閱讀本國文學本國古書之能力，彼之全部精力乃全費於研讀外國書之準備。及其畢業以後，所入者乃中國社會，絕少繼續研讀外國書之機會，而中國文學中國古書雖日觸於眼簾，彼固無此能力，亦無此信仰，併無此興趣。彼乃不得不與學術界文化界相隔絕。即自大學畢業者，亦何獨不然。彼輩大率能讀外國書，而未必常有外國書可讀。彼輩大率不能讀中國文學古書，而彼輩終不能耐無書可讀之苦。則一般閱讀興趣，乃不得不集中於時下新起之新文藝與宣傳小冊，以為消遣。故今日中國國內之學術空氣，僅能存在於學校之內部，絕無法推廣及於社會。而所謂學校內部之學術空氣，又常汲源於外洋，非植根於本土。今日中國國家教育，乃盡力自掘傳統文化之根，又盡力為移花接木之試驗，而二三十年來之成效，則已大可見。若曰推行科學教育，則科學應重事物實驗，不應白費學者心血於外國文字文學之研習。若曰推行文化教育，則中國自有傳統文化。謂中國無有科學則可，謂中國無文哲史藝諸學則絕不可。謂中國政法經濟諸學須參考外國新學則可，謂研究政法經濟者可絕不理會中國已往自己傳統則絕不可。若曰必全盤西化，則專通英文，決非全盤西化。若強中國人必兼通英法德俄各國文字，其事既難。若亦窮本竟源，先修希臘拉丁文，再從之自創一新式西化之中國文，一若彼中英法德俄諸邦之自十四世紀以下之各自創其新文字然，此又不可能之事也。然則中國學校何以必以研習英文為首務，我無以名之，名之曰模倣之教育。夫亦曰英國人讀莎士比亞，我亦讀莎士比亞而已。英國人讀雪萊，我斯亦讀雪萊而已。又知英國人嘗捨棄希臘文拉丁文之研習而自創新英文，我斯亦捨棄我之古書古文而已。謂之模倣教育，誰曰不宜。夫曰模倣教育，猶遜辭子弟，轉望子弟自學校攜返新教訓以煥發其家庭。故今日之青年，就文化傳統言之，彼乃上無千古，下無百世，彼乃一無承續無蘄嚮之可憐蟲也。徒日嬲其旁曰革新，曰創造，曰獨立，曰自由。則無怪其日趨於獷獟而無文，桀黠而難教。故今日之教者惟有兩途。一則曰為公民當云云，一則曰西洋人云云而已。夫公民僅限於奉公守法，僅限於政治之一角落，固未能滲透及於人生之全部。西洋人云云非不可教，然道聽而塗說，隔靴而搔癢，實不能深切著明也。今欲指導其成一理想的中國人。苟捨此二者，而為師者自以己意為教，曰我欲云云，則學生群起而鬨之。然則將何以為教？曰必本於自己國家民族之傳統文化以為教。教育即文化之一部分，今既剷截數千年傳統文化，只許就目前當今以為教，是則教育脫離文化而成為無文化之教育，故其教育之收效也特難。青年在學校，已感其無可教，而謂一出學校，便可為國家民族理想需要之人才，此又必不可得之數也。

故今日之國家教育，誠以人才教育為正宗，則文字文學之教育實至重要。而文字文學之教育，又必以本國之文字文學為主，此則無煩詳論。學校教育不過一引端，學者在學校，既有修習文字文學之基礎，及其出學校而入社會，自可繼續與書本相接觸。而其國家民族已往文哲史藝乃至政法經濟諸部門文獻成績之積累，始可與現時代國民發生一種親切而深厚之關係。而後其現時代之國民，亦始可承續其國家民族已往傳統文化之大源而繼續有所衍進。夫是之謂人才教育，亦夫是之謂文化教育。曠觀世界各國之國家教育，亦何莫不然。然則今日國人之主張模倣教育者，夫亦只模倣其外皮耳。英國學校決不以教授德文為主課，德國學校決不以教授英文為主課，英德學校皆各以教授其本國文字文學為主課，何以中國學校獨必以教授英德文為主課乎？德文有名著，英國人必加繙譯。英文有名著，德國人亦必加翻譯。然則何以中國人必以直接能讀英德文原本為條件耶？此非其理論之荒唐，即其意境之懶散。中國厲行留學教育已八十年矣。而今日之中國人，仍無大量翻譯書本可讀，學校仍以教讀外國文為主課，仍以用外國原本教科書為標準，此即留學教育無當於人才教育文化教育之明徵。故必有留學教育之終止，始可謂是留學教育之成功。若永遠以留學教育為國家教育之最高階層，此即不啻宣告留學教育之最大失敗也。必以繙譯事業代替留學教育，必以重新提高本國古書古文之教育價值為國家文化教育人才教育之基礎，亦必有此先事，而後中等教育始有刷新之希望。

今再概括言之，則本於國家文化教育人才教育之旨趣，一普通中學生，必以能自己閱讀本國已往古書古文為其畢業之起碼標準。再本此標準而約略設計普通中學之課程，則關於各項自然科學社會科學知識之傳授，其課程地位最多不當超過文字文學研習課程之一倍以上。而對於外國文字文學研習之課程與時間，最過亦不當超過對於本國文字文學研習時間之三分之一。猶不盡於此，一面尚當於大學校先培植能勝任愉快之中學國文教師，一面又當自小學校起再厲行改變國文國語遷就教育之通病，而後此新標準始有到達之希望。若論科學教育，則本不必多量注重於文字之研修。今既於普通中學外儘量多設各種獨立學院，又國家設立大規模編譯館，儘量繙譯外國各部門之重要書籍，而學者中之聰明特秀者，仍得於大學文理學院中精研外國文而為中外兼通之人才。此固於時下所主吸收西洋文學及提倡科學教育兩無妨礙。必有此調整，而後中等教育乃有澈底更新之可能。否則就中學而言中學，縛手縛腳，左支右絀，殊無自由發展之餘地也。

（三一、一、為《四川省教育廳中等教育季刊》撰）

革命教育與國史教育

承主席命鄙人臨時隨便說幾句話。上午適讀本屆會議參考材料第一號，二十七年八月　總裁訓詞革命的教育，深受感動。本會的意義與使命，已在　總裁訓詞裏深切指示，我們只須真實認識真實推動，更不必再多說話。總裁訓詞裏說，我們今後教育目的，要造就實實在在能承擔建設國家復興民族責任的人才。而此項人才，簡單說一句，先要造就他們成為一個真正的中國人。這是一個萬分痛切的教訓。要做一個真正的中國人，我想惟一的起碼條件，他應該誠心愛護中國。所謂誠心愛護，卻不是空空洞洞的愛，他應該對中國國家民族傳統精神傳統文化有所認識瞭解。譬如愛父母的兒子，他必先對其父母認識瞭解一般。這便是史地教育最大的任務。

一部二十四史從何說起。國史浩繁，前人早已深感其苦。何況身當我們革命的大時代，在一切從新估價的呼聲之下，更覺國史傳統之不易把捉。但是愈是新的改進，卻愈需要舊的認識。過去和現在，絕不能判然劃分。因此在我們愈覺得國史難理的時候，卻愈感國史待理之必要。我常細聽和細讀近人的言論和文字，凡是有關主張改革現實的，幾乎無一不牽涉到歷史問題上去，這已充分證明了新的改進，不能不有舊的認識。只可惜他們所牽涉到的歷史問題，又幾乎無一不陷於空洞淺薄乃至於荒謬的境界。這是事實告訴我們，我們這一時代，是極需要歷史知識的時代，而又不幸是極缺乏歷史知識的時代。

讓我略舉數例以資說明。我常聽人說，中國自秦以來二千年的政體，是一個君主專制黑暗的政體。這明明是一句歷史的敘述，但卻絕不是歷史的真相。中國自秦以下二千年，只可說是一個君主一統的政府，卻絕不是一個君主專制的政府。就政府組織政權分配的大體上說，只有明太祖廢止宰相以下最近明清兩代六百年，似乎迹近君主專制，但尚絕對說不上黑暗。人才的選拔，官吏的升降，賦稅的徵收，刑罰的處決，依然都有法制的規定，絕非帝王私意所能輕易搖動。如此般的政權，豈可斷言其是君主專制。只緣前清末年人，熟於西洋十八世紀時代如法儒孟德斯鳩輩的政論，他們以為國體有君主民主，政體有專制立憲，中國有君主而無國會，無憲法，便認是君主專制。不知中國政體，如禮部之科舉，與吏部之詮選，已奠定了政府組織的基礎。不必有國會，而政權自有寄託。如有名的《唐六典》，大體為宋代以來所依照，極精密極完整的政權分配，使全國政府的行政機關各有依循，更不必有憲法，而政權自有節限。而況明代以前，宰相為政府領袖，與王室儼成敵體。帝王詔命，非經宰相副署，即不生效。現在我們一口抹殺，說二千年來之中國政體，只是一個專制黑暗的政體，非得澈底翻新不可。其實政治只是社會各項事業中的一項，而又是較重要的一項，政治理論全部變了，則牽連而及於社會其他各項事務之理論，亦必隨而變。牽一髮，動全身，因而搖動及於全部的人生理論精神教育以及整個文化傳統。若果中國傳統政治及其背後的理論，需要全部翻新，徹底改造，以前種種譬如昨日死，一刀兩截，亦自痛快，然而以後種種從何產生，卻成了一絕大的問題。因此，在革命共和的初期，便已有英國制與美國制的爭論。而隨著上次歐洲大戰後的新變動，國內又產生蘇維埃共產政治與德意獨裁政治的鼓吹與活動。試問一個國家的政治理論及其趨向，這是何等一件有關於全民族的事，若果把它的重心全部安放在異邦外國人身邊，這又是如何一件可詫異而可驚駭的事。只有　孫總理的三民主義，努力要把中國將來的新政治和已往歷史傳統，連根接脈。而可惜他的意見，尚不為一般國人所接受。一般國人只還是說，中國自秦以下二千年政治，只是專制黑暗，而今全都要不得。他們援據的是歷史，可惜是他們並不是真知道歷史。因於不知道，故而不愛護，但求一變故常以為快。

再舉一例。我又常聽人說，中國人二千年來閉關自守，不與外來民族相接觸，因而養成文化上自傲自大深閉固拒的態度。這又是一句歷史的敘述，只可惜仍不是歷史的真相。秦以前暫不論，我們姑就秦以下言之。自東漢初葉，中經魏晉南北朝，下迄隋唐，大體上超過六百年的長時期，那是一段中國人接觸吸收印度佛教文化的時期。印度可說是中國的近西。自隋唐以下迄於宋元，大體上又有六百年的長時期，可說是中國人接觸吸收阿拉伯回教文化的時期。阿拉伯波斯可說是中國的遠西。中國自秦漢以下的一千三四百年間，西北陸路西南海路的對西交通，從未斷絕，中國人何嘗閉關自守。今佛教不啻為中華民族普遍流行的一種宗教，而回教之在中國，亦得自由傳布。漢滿蒙回藏，民國以來合稱五族。中華文化吸收印度佛教之影響，已是盡人皆知。而唐以下中華文明所受阿拉伯波斯回教東來之波動，現在尚需歷史文化學者詳細闡發。中國人何嘗自傲自大，而又深閉，固拒於外來文化絕無接納。六朝隋唐中國高僧西行求法的熱忱，以及唐以下中國對波斯大食商人的坦白寬大的態度，只廣州一埠，在唐末便有大食波斯商人十萬之譜。而其時大食波斯商人之足跡，實亦普遍於中國之內地。從此便夠證明上述中國人文化自傲對外深閉固拒的評狀，全無根據。此等語，只是近代西洋教士與其商人的讕言，並非歷史真相的敘述。西洋中古時期的耶穌教，本已包攬著許多政治社會上的塵世俗務。海通以還的耶穌教士，更形變質，幾乎成為帝國主義資本主義之前驅。他們把到非洲與北美洲的經驗與態度來到中國，他們不僅來宣傳教理，卻往往干涉中國之內政，激起中國之民變，與往古印度高僧純以宗教真理來相感召之精神顯有差別。而西洋商人之牟利政策，如鴉片強賣等，更招中國人之惡感。近世中西交通史上，鴉遼河流域在中國史上深遠的關係，早已發生在秦漢之前。直到明代，建州衛崛起，只是吉林長白山外一小部落。遼河兩岸，全屬明代疆土。滿清入關，包藏禍心，不許漢人出山海關，要把關外作他們的退步。但是那時只稱遼吉黑作關東三省，絕不叫他是滿洲。日本人又進一步，把清代所稱關東三省逕呼滿洲，又常以滿鮮滿蒙並稱。中國人不知其用意，自己亦稱關東三省作滿洲。直到偽滿洲國成立，世界上不瞭真象的人，還以為滿洲人在其本土（滿洲）自立一國。這是外國人有意歪曲中國歷史來欺侮中國人之一例。我們並不想歪曲自己歷史來利用它做一時代的宣傳，但是我們應該澄清我們目下流行的一套空洞淺薄乃至於荒謬的一切歷史敘述。我們應該設法叫我們中國人知道自己真正的中國史，好讓他們真正的知道了而發生真正的感情。這樣才算是一個真正的中國人。這一個責任，自然要落在史地教育者的身上。

現在再說到中國傳統文化之價值問題，這本可不證而自明。中國文化是世界上綿延最久展擴最廣的文化。只以五千年來不斷綿延不斷展擴之歷史事實，便足證明中國文化優異之價值。近百年來的中國，不幸而走上一個病態的階段。這本是任何民族文化展演中所難免的一種頓挫。又不幸而中國史上之一段頓挫時期，卻正與歐美人的一段極盛時期相遭逢而平行。國內一般知識分子，激於愛國憂國的熱忱，震驚於西洋勢力之咄咄可畏，不免對其本國傳統文化發生懷疑，乃至於輕蔑，而漸及於詛罵。因此種種空洞淺薄乃至於荒謬的國史觀念，乃獲不脛而走，深入一時之人心。

然而此種現象，亦依然還是一時的病態，並沒有搖動到中國傳統文化之根底。只看此次全國抗戰精神之所表現，便是其明證。試問若非我民族傳統文化蘊蓄深厚，我們更用何種力量團結此四萬萬五千萬民眾對此強寇作殊死的抵抗？當知無文化，便無歷史。無歷史，便無民族。無民族，便無力量。無力量，便無存在。所謂民族爭存，底裏便是一種文化爭存。所謂民族力量，底裏便是一種文化力量。若使我們空喊一個民族，而不知道作為民族生命淵源的文化，則皮之不存，毛將焉附。目前的抗戰，便是我民族文化的潛在力量依然旺盛的表現。只在一輩知識分子，雖有菲薄民族文化乃至於加以唾棄的，而在全國廣大民眾，則依然沈浸在傳統文化的大洪流裏，所以寧出於九死一生之途以為捍衛。由此言之，今日史地教育更重要的責任，卻不盡在國史知識之推廣與普及，而尤要則更在於國史知識之提高與加深。易辭言之，不在於對依然知道愛好國家民族的民眾作宣傳，而在於對近百年來知識界一般空洞淺薄乃至於荒謬的國史觀念作糾彈。更要的，尤在於對全國民眾依然寢饋於斯的傳統文化，能重新加以一番認識與發揮。在此革命建國時代，又值全世界大動搖之際，若非將我民族傳統文化作更深的研尋與更高的提倡，而仍是空洞淺薄或仍不免於荒謬的，只利用一種歪曲不真實的歷史批評來對民眾暫時作一種愛國的宣傳，依然一樣的無濟於事。說到這裏，史地教育界所負責任之艱鉅，更可想見。此在全國史地教育界同人，固當益自奮勵，肩此重擔。而在提倡史地教育的行政長官，以及關心此問題的愛國人士，則希望能不斷的與我們以鼓勵與助力，乃至於與我們以寬容與期待。莫要把此事業看輕易了。今天所說的直率粗疏處，還望到會諸先生原諒與指正。

（三〇、七、教育部史地教育委員會第二屆開會演說辭）

建國三路綫

（一）

要討論目前的建國問題，應該先明白一點中國已往立國規模之大概。

就世界各民族已往歷史而論，中國民族的建國規模，可算是最偉大而又最強韌的。人們好以羅馬與古中國相擬，其實羅馬立國，根本與中國已往情形不同。

羅馬立國形勢如下圖：

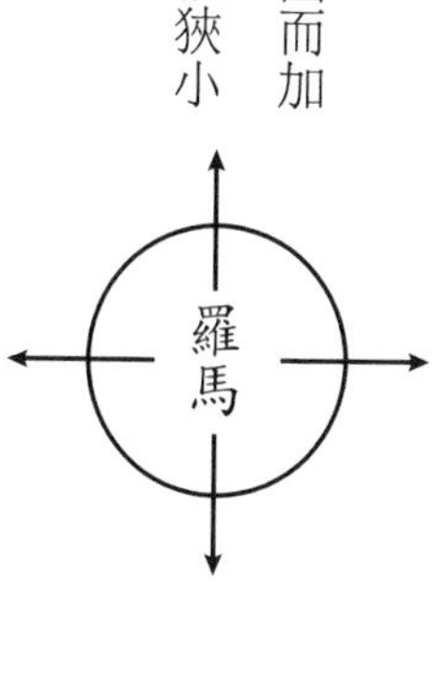

這是說羅馬立國，是由一個中心展擴出來，由這一個中心征服四圍而加以統治。羅馬帝國所轄的疆土雖大，論到羅馬帝國內部的重心，則是很狹小的。正為如此，北方蠻族一腳踏進羅馬城，羅馬帝國便可瓦解。

中國立國形勢如下圖：

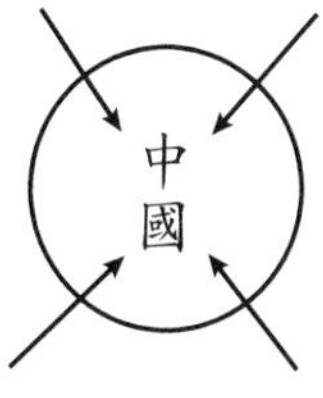

這是說中國立國，是由整個國家全體各部凝合而成。他雖有一個中心，而立國重心並不就限制在這個中心裏。他是由四圍來共同締造一中心，並不是由一中心來征服四圍而加之以統制。從歷史上說，中國立國規模，自秦漢以來，（即自有大一統的中央政府以來）一向如此，是由一個整體來凝造出中央而共相擁護之，並不是由一個中央來壓倒四圍而硬組成一個暫時的整體。

這已說到中國民族文化之淵深處。我們若粗略地從東北角的哈爾濱穿過中部黃河長江兩流域的北平與南京而到西南角的昆明，我們可以看出，中國各地實在是站在一個平面上，由他們來互相締構而建成一國家。（即是說他們各是國家之一部分）。並不是由國家內的某一地區來統轄住他們。（即是說他們不是被某一勢力所征服的殖民地）。

民族文化影響立國規模，立國規模亦影響民族文化，而形成上述的情形。

因此中國之立國形勢，既偉大，又強韌。遂使中國民族在世界史上成為一個建國悠久而又最不易被人征服與統制的民族。（這是歷史上的話，此處暫不擬多說）。

（二）

但中國自辛亥革命以來，快近三十年，而我們的新的建國運動，卻依然未能讓我們滿意。其最大原因，似在建國理論上之未臻於一致。

此三十年來建國理論上最普遍的便是民眾建國論。國家基礎在於民眾，為民眾而有國家，國家的一切應該代表著民眾，這是天經地義無須討論的。然而實際從事於建國的政府，不一定能直接由民眾來造成與操縱。即就西洋近代國家之先進者而言，英國的憲政與國會的創立，其最先發動與主持的，實際上只是有財富有智識的中層階級，並不是全民眾。法國大革命時代的國民公會，最後操縱者亦為中層階段，而非勞工與無產民眾。這是說英法近代國家的演進，比較還是中層階級的努力為多。若說直接要從全民建國，此乃一種理論，非事實。而且英法立國規模仍是羅馬式，而非中國式。他們先由一個小的中心，團成力量，再伸展壓服了四圍，中國則幾千年來早擺著一個大的整體，無法在這個整體裏勉強挖出一個小部分來做統制其他部分的特殊勢力而存在。（譬如以某省建國而來領導別省等）。若是要在這樣一個大的整體下空言全民建國，到底不過是一句漂亮好聽的話。無論如何，中國的建國工作，一時還無法遝行推到全體民眾的肩上去，這是顯然的事實。

譬如創造新軍，我們只能先訓練出一個能指揮兵眾領導兵眾而與兵眾一體共同奮鬪的將校團與參謀部。我們卻不能希望此種將校團與參謀部能在兵眾中間自然地產生。同樣情形，我們只能希望先有一個能代表民眾領導民眾的新政權與新政府出來，好唱導民眾一體建國，我們卻不能希望這個政府和政權，直接由民眾中間自然地完成。軍隊隨時隨地準備跟隨著將校團與參謀部之指導而作戰，全國民眾亦同樣的準備跟隨著一個能領導他們的新政府來共同建國。但軍隊和民眾一時還無力自身創產出一個將校團和政府的。

民眾建國的理論所以一時盛行，亦有其原因。一則國人驟然震驚於西洋近代的新理論，而沒有細究其實際，(此如一輩學者。)二則從這個理論下，卻不知不覺底便於自己良心的卸責任。他們漸漸以為一切建國責任，真在民眾的身上。(此如一輩政客。)三則這個理論易於發洩情感衝動而立刻見之於行為。所以一遇國難，一輩熱血青年最易想到到民間去宣傳，期能喚起民眾，來共同再建國。(此如一輩大中學學生。)但是問題的癥結，不在民眾之不易喚起，而在沒有一個真能領導民眾的理想的政府。

民國初年，建國理論的爭點，幾乎全集中於國會選舉及其法理的職任上。中國歷來相傳的考試制度與銓選制度可以放棄，民選議會之立法權則不肯不爭。就事實論，民選制度一時殊難推行，而考試與銓選制度廢棄後，政府用人漫無標準，無論政府的機構與組織如何改造，只要用人沒有公開的標準，必然仍趨於腐化。我們要爭求政府改進一個比較客觀而可以公開的考試與銓選的用人標準，其事易，（而且本來有。）我們要爭求民眾實際起來參政，直接控制政府，其事難。但我們定要捨易而務難，這是在我們當前的建國理論上所先應辨認的一種現象。

這一種思想反映在教育方面，便是只知道國家應該有低級的國民教育，（即普及的民眾教育，）而不知國家更應該有高級的人才教育，（即領導民眾的人才之教育。）所以中國三十年來小學國民教育還比較有成績，至於中學大學教育，只成為升學與留學之預備教育。（只是準備的階段，而其自身無意義。）甚或認為大學教育只在傳習科學知識，而為國家造成社會政治各方面領袖人才的文法科，幾於有一時全國要求其根本取消或裁抑。

此種民眾建國的思想，自民初國會制度失敗以後，激而變為鼓吹社會革命，組織民眾爭奪政權。從中國已往歷史看，即從中國已往立國規模看，這實是一條死路，萬萬走不通。至多只能利用民眾來爭奪政權，並不能把政權真切送交與民眾。而且民眾難動亦復難靜，難發亦復難收。而以中國民眾為尤甚。（此乃中國的自然環境與經濟環境使然，亦是中國國民性之深厚篤實處。）中國歷史上由社會下層發出騷動，往往極深極廣，不易收拾，而結果只與國家以一種難療的創傷。

從中國歷史以往的教訓，中國國家民族種種進步，多在和平進展下獲得。凡屬社會民眾的動亂，往往多是反面消極的撲一個空。近人多治西方史，醉心於西方的所謂革命，不知西方是一種羅馬式的建國，事實上有些處為我們所不能效法。（和平的民選制一時不易成功，與激烈的全民革命之不易有效，乃為同一事實環境之所限。）

總之，我們此刻的建國理論，應該先要一個克盡厥職的政府，來代表民眾，領導民眾，而不能希望由民眾來直接創造政府。更不該專希望利用民眾來爭奪政權。

（三）

民眾建國理論以外，第二個有力量的，要算領袖建國論。建國大業不能沒有領袖，理屬共明，無煩詳說。但我們所要提醒的，目下的領袖建國論和民眾建國論同樣不適合於中國的國情，同樣違背中國已往的歷史教訓。

秦始皇雖說併吞六國，秦始皇卻不用他一姓一宗的勢力來統治天下，他只能把政權交付與李斯蒙恬一輩非宗非私的人的手裏。（秦始皇沒有他們，亦不能併六國）。漢代人大體上明白得這點，遂創建了賢良孝廉的察舉制度。政府方面不斷收攬社會各方面人才，激起新陳代謝，來繁榮它的生機。唐太宗雖說削平群雄，唐太宗亦不能用一姓一宗的親私來把持政權。他也只有依舊沿襲隋代科舉制度，更公開的解放政權，讓民間自由競選。同樣在不斷的收攬社會各方人才到政府裏去，激起新陳代謝，來健旺政府的生機。這是中國史上的明白教訓，這是中國歷來建國的一項基本精神。狹義的領袖勢力，不夠支配偌大一個的中國。

清末一輩學者，為要刺激國人革命的情緒，每好借題發揮，痛斥中國政治歷來專制。因此近三十年來在政治上活動的人，不免誤會此意。他們以為中國已往政治，真是一向專制壟斷。因此他們在下意識裏依然想捧出一個領袖來專制一切，壟斷一切。自袁世凱以至吳佩孚，他們都不瞭解這一點，所以他們還在做秦始皇唐太宗所不能做亦不敢做的夢。他們想運使一個狹窄的部分的勢力來統治中國，結果祇有失敗。他們只做了民眾建國論的反動派。

退一步論，狹窄的領袖勢力，不僅不能把整個中國政治把握住，即在一省一區域裏要想造成一個變相的割據局面，其事亦不可能。近三十年來的中國建國運動是莫可違逆的一個大潮流。中國若要建國，必然要全體凝合，誰也無法把他分割。而且你所要分割的一省一區域，比照外國，已是夠大的一個國家，狹窄的私人勢力，萬萬不夠把持。對內對外，完全支撐不了。於是勢必有內部的倒戈，分裂、叛離、以達於滅亡與消失。此等例人所共知，不煩再舉。

這不是說中國政治要不得一個領袖。在建國過程中，需要領袖，恰如需要民眾，一樣的無疑。只是真的領袖之產生，應該奠定於全國力量之協調與融和之上，不是用一個力量來打倒或壓制別幾個力量而造成孤危的領袖勢力所能勝其任。領袖只能代表整體，不能代表部分。只有博得整個中國擁護的領袖，才是理想上擔負起建國任務的領袖。一黨一派擁出的領袖，意在保持一黨一派的私勢力，終不免於狹窄孤危，到底負不起建國的重任。

（四）

讓我們來看第三種建國論。這在上文已提出，是一種協調融和的建國論，是一個在民眾與領袖中間的全國中層階級的勢力之協調與融和的建國論。

中國民眾一時還無法起來操縱政權，而中國政權，同樣為客觀條件所限，亦決非一個狹窄的部分的勢力所能控制。因此利用民眾與擁戴領袖以謀攫奪政權的兩個方式，近三十年來，已有好多教訓，告訴我們此路不通。但是利用民眾的是一個中層階級，擁戴領袖的，依然還是個中層階級。建國過程中，不能沒有中層階級勢力之參加，其無疑與不能沒有民眾以及不能沒有領袖，一樣真確。建國的力量，逃不出此三者（民眾，領袖，中層階級）之外，而且必待此三項勢力之協調與融和。而此三項勢力之協調與融和，其機括實操於中層階級之手。所謂民眾建國與領袖建國的兩種理論，亦為此輩中層階級所倡導。必待中層階級先走上協調融和的路，而後他們才能擁護出全國一致的真領袖，而後他們才能領導全國民眾以從事建國的真路向。

在此連帶有一個更基本的問題。即是當前中國的中層階級，是否已具備有擔負建國的力量。若使中層階級沒有擔負得起建國的力量，則縱有英雄不世出的領袖，以及廣大的民眾，而中間接不上氣，正如一個軍隊，只有最高統帥與下級士兵，沒有中層的將校團與參謀部。此種形勢，除非兩三千人的一個小部隊則可，若是幾百萬的大軍，則勢必崩潰不可收拾。而不幸中國的立國規模，命定他只能編練幾百萬大軍，而不許他只成一個數千人的小部隊。因此中層階級不爭氣，則如一人犯了膈病，頭腦雖清明，四肢雖強健，到底還是一死症。

要看中國當前的中層階級，是否已具備有擔負建國的力量，只看中層階級能否覺悟，在他們高呼民眾建國與領袖建國之際，他們能否回頭來看一看自己。若使他們能回頭看到自己，他們自可覺悟走上協調融和的路。他們儻能真切地在擁護領袖與領導民眾的雙層下面來做建國工作，他們一定要感到自己的力量問題，而自然會協調融和起來，這便是中國得救之朕兆。亦便是目前建國的一條大路。惟一的一條大路。

這一個建國論，一面切合於當前國勢所需要，同時亦不違背中國已往歷史的教訓。較之狹窄的領袖建國論與空洞的民眾建國論可說是一個中道的建國論。只要全國的中層階級切實覺悟，建國的理論與步伐漸趨一致，則建國的力量與功業，亦不難完成。

（二八、一一、二二、《昆明益世報》星期評論）

中國民主精神

將為近五六十年來中國人述說中國為一富於民主精神的國家，正如要對真知道真熟悉中國傳統文化傳統歷史者述說中國為一個帝王專制的國家一樣見其為怪誕。近人一聽說中國已往傳統政治富于民主精神，便不禁要問：中國傳統政治若具民主精神，為何沒有代表民意的國會？又沒有對國會負責的內閣制度？又沒有限制帝王以必須遵守的憲法？但我們若肯承認中西歷史演變各有其特殊而不同的路徑，則此等問題，自會感其無甚意義，而中國之民主精神亦自然容易在中國史的每頁裏透露呈現。

夏商以前暫勿論。西周時代，自然是中國史上一個所謂封建的時代。但那時的封建，根本與西洋史上中古時代的封建有不同。大體說來，西周封建，是當時姬周部族一種向外侵佔與武裝殖民，故西周封建制度之展擴與形成，同時即是西周大一統國家之展擴與形成。若以西周封建比擬西方，毋寧說它有些處約略近似於近代歐洲的大英帝國與其海外自治領之關係，卻不能說它完全與歐洲中古時期之封建形勢相彷彿。及西周東遷，一旦中央失其控制，在封建諸侯間，遂有霸主出現。他們號稱尊王攘夷，依然是在擁護周天子，來凝固維持以前的封建系統。戰國以下，這一個局面與這一種理想澈底破壞，于是有秦漢的新一統，即郡縣制度之一統，與西周舊一統，即封建制度之一統相差別。

在中國史上，當封建制度之舊一統時代，即西周時代（下及春秋），早已有一種民主思想與民主精神，散見於群經諸子，與當時之史實，此處則不擬詳說。惟吾人當知中國史一到郡縣制度之新一統時代，即秦漢時代，而中國人之民主思想與民主精神乃次第實現而具體化，制度化，成為一種確定的政治標準。若論其淵源，則仍自封建制度之舊一統時代所遞傳而發揚。惟前一期為民主思想之醞釀，而後一期為民主思想之光大。故封建舊一統時代，乃中國民主思想與民主精神之萌芽時代，而郡縣新一統時代，則為中國民主思想與民主精神之成熟時代也。

普通以為秦漢時代乃中國君主專制政體之創始，今我則謂秦漢時代乃中國古代民主思想與民主精神之發揚與成熟，此論駭俗，不可不較為詳說。然一部二十四史，亦苦申說無盡。無已，姑就其大者言之：第一、當知當時制度，王室已與政府對立。天子自為王室之代表，而丞相則為政科歸併于都察院。皇帝詔旨，乃始無能對之行使封駁之權者。然晚清以來，王室威信日壞，廷臣議論之風氣又漸舒。當時既外患日迫，而朝議囂張，一時識者如郭嵩燾輩，乃屢以宋明士大夫清議誤國為戒。最近歐美民主國家，一臨戰爭，往往設立戰時內閣，以資應付。若明末崇禎時代，早知此意，則國事不致敗壞乃爾。此之所陳，不過指明中國傳統政制，雖在明代廢止宰相之後，而政府傳統組織，亦非帝王一人大權獨攬。今人力斥中國傳統政體之專制，明為無據。故不能明辨王室與政府之界限，不能熟知王權與相權之消長，即無法了解中國傳統政制之意義及其演變之得失。宰相廢止，始于明太祖。明清兩代七百年，只有內閣及軍機處，相當于皇帝之秘書處，此特唐宋時代一知制誥之職。其時則並無真宰相。在此七百年內，在理論上與制度上，皇帝均負有行政上之最高決定權。然皇權雖張，而政府組織則依然仍襲漢唐傳統，只不過王室與政府同戴一領袖，而仍非王室與政府之合流。故明代尚書六部之權特重，說者謂明之吏部其權重乃有超越古代宰相之上者。凡政府官僚，不由吏部之手而經皇帝特旨遷除者，謂之侍奉官，人皆恥為，且亦不久必罷。其由皇帝特旨降黜者，他日尚可起復。而一經吏部之考察而罷免，則永不得再獲錄用。若遇內閣大學士攬權，則造成部閣相訟之局。當張居正用事，憑藉內閣，總攬大權，低抑部臣，逡巡請事如屬吏。居正在當時，雖績業昭著，然並世輿情，以及後代清議，則頗對之有不滿。今人不深曉中國政治上傳統意見，徒本一時功利成就為評判，乃始為張居正叫屈。然則今日國人意見，一面極詆中國傳統政府為專制黑暗，一面又竭力推獎如張居正之越權獨裁，豈非自相矛盾，不成條貫。至論清代，更以部族政權之私見，多設猜防，帝王專制獨裁之趨勢日益激著。軍機處更非內閣之比。內閣雖在王宮之內，尚居殿廷之外。軍機處則更在殿廷之後，接近帝王退朝私人偃息之所。抑且內閣顧名思義，尚屬文治機關。而軍機處則顯見為一種武力統治之意味。故滿清一代，以今日政治體制言之，乃一帝王獨裁的戰時體制也。然此種政體，固與中國政治之傳統精神大相刺謬。大抵自鴉片戰役以來之一百年，歐西人譏評中國政制而引為詬笑之柄者，即本於清制。中國革命志士所深惡痛絕，惟求澈底盪滌，盡變故常以為快者，亦激於清制。而淺人不深曉，遂若中國自秦以下二千年傳統政制全如此，此實昧于歷史情實。至於近有論者，乃謂清代制度乃中國傳統政制下之較完美者，則更不知其說之何從矣。

再論政府中官員來歷。就大體論，凡與王室有密切關係者，例不得任政府之要職。除卻元清兩代部族政權為例外。其在中國史上，此項趨勢，至為顯明。在封建時代，宗室同姓，皆得封土建國，別成一貴族階級，與普通社會相對立。自秦漢以下，則殊不然。帝王宗室，在政府中地位日落，以至于全無地位。次則王室之姻戚，在兩漢每以外戚輔政。自漢武帝以霍光為大司馬，大將軍，奉遺詔輔政始。然大司馬大將軍，亦僅為內朝王室之代表，外朝政府仍有宰相。內廷外朝，權限秩然，不相淆混。至魏晉以下，則內朝規模日削，以至于不存在，而兩漢外戚擅權之形勢亦不再見。其次則如宿衛（武士）之與侍從（文臣），雖屬王室之親信，而同時卻並不是政府高職，至多只在政府裏得一出身。而政府中官位之授受升降，則別自有政府之標準。若論秦以後之貴族，在政府有世襲之爵祿，而並無世襲之官位。凡屬政府官職，其出身大抵皆先經一番公開客觀之選試，其升降則皆憑實際服務成績之考課。故政府人員來源，與王室關係，殊不深密。依此言之，豈得謂中國傳統政治，是一種君主專制乎？

中國傳統政治既非君主專制，同時亦不能說其是貴族政體。中國史上之貴族凡兩見。其一在西周春秋封建時代，此盡人皆知，不煩再論。其二在東漢末葉，經魏晉南北朝以達唐代之中晚。此一種貴族，中國史上謂之門第。緣由兩漢仕途，必先經博士弟子，通曉經術，補郎補吏，乃得依次遞升。當時書籍流傳難遍，又經學有家法，有師說，非此不得通過博士官之考試，而察舉又必通過從經學出身之郡縣長官之手中。因此學術限于為某一部分家庭所傳習，而仕途亦漸對此種家庭特見便利，因此漸漸釀成魏晉以下門閥擅權之趨勢。然所謂門閥擅權，大體言之，亦由此等門閥世傳禮教，比較近于當時政府人員之出身標準，而非當時政府專有某項規定，將政府人員出身特別限制于貴族門第也。故一到唐代，由九品中正制變而為明經進士之公開考試。進士重文藝，明經重經籍，而經籍又無家法師說之限制。其時學校開放，選舉亦開放，仕途即不易為貴族門第所壟斷。一到宋代，雕板印刷術創興，書籍流布更易，社會上私家書院群興，中國已往幾于一千年來之貴族門第，不需別有政治鬪爭，即完全解體，不復存在。故即在魏晉南北朝一段，中國政府之官員，雖多係貴族門第出身，而卻並不能即目此時代為貴族政府，其理亦顯。

中國傳統政治，既非君主專制，又非貴族政體，亦非軍人政府，同時亦非階級（或資產階級或無產階級）專政，此更不煩再說。然則中國傳統政體，自當屬于一種民主政體，無可辯難。吾人若為言辭之謹慎，當名之曰中國式之民主政治。當知中國政府雖無國會，而中國傳統政府中之官員，則完全來自民間。既經公開之考試，又分配其員額于全國之各地。又考試按照一定年月，使不斷有新分子參加。是不啻中國政府早已全部由民眾組識，則政府之意見，不啻即民間之意見。如此，則何必再架牀疊屋，更有一民選國會以為代表民意之機關？中國政府既已為民眾組織之政府，則政府一切法制章程，即係民意之產物，更何需別有一民選立法機關，再創一部憲法，強政府以必從？中國政府之法令，無論以理論言，或事實言，雖在王室，亦必同樣遵守，而不敢輕背。政府事業之最大最要者，莫過于設官任職。而中國政府官吏之任用，皆有客觀之銓敘規程，及其主管之衙門。即宰相亦有其一定之階梯，非帝王私意所能隨意而授與。其次要者，則如對于人民之賦稅，此亦有正式之章程，及其主管之機構。歷代輕徭薄賦，成為政治上一大傳統。漢三十而稅一，唐四十而稅一，稅律一定，上下俱遵，不得輕變。以言近代歐邦民主政體，必首推英國。英國國會與大憲章之起源，均由于其國民對于政府納稅輕重之爭執。中國以往，則無所事于此。

近代英國之文官考試，說者謂其取法于吾國之考試制度。然兩國官吏任用，復有相異。英國內閣任替，視其國會政黨席次之多寡。而中國宰相大臣之任用，自有其習慣上之資序，依次遷調，視政績資望為黜陟。此一異也。英國之所謂文官，相當于中國之掾屬僚吏。中國漢唐制度，則掾屬皆由大臣徵辟（惟其先亦有一番考試，如漢之博士弟子，及唐之明經進士等）。此又一異也。此種相異，謂其各有得失則可，然不得謂英國乃民主之楷模，而中國則成為專制之極規。今若不遽謂中國傳統政治為一種民主政治，則不如案而不斷，僅稱之曰中國政治，猶不失「知之為知之，不知為不知」之古義。較之輕目中國傳統政制為專制政治者，豈不稍勝。

抑且歐洲近代民主政治之起源，由于社會中層階級之崛興，而中國則自戰國秦漢以來，即已有中層階級之興起。若以秦漢為中國社會中層階級崛起之第一期，則唐宋以下為中國社會中層階級崛起之第二期。西人所謂德謨克拉西，其義亦不過謂多數人之政治而已。而所謂多數者，其先則實限于中層階級，雖至今而猶然。若曰全民政治，則近代西方，雖若英美，去之尚遠。中國秦漢唐宋以來之士治，即中層階級之政治，亦即多數政治也。不過此土中層階級，不憑藉資產與富力，而一視其道德與文藝。此與西國之所謂民治。乃貌異實同，亦可謂各有短長。中國人所以不主民眾選舉，此由中國廣土眾民，與西土異宜。民眾選舉，事實難行。墨子書中，雖有公選之建議，然不適國情，後無應者。中國自春秋以來，即已有極精密之王位繼承法，使王室一統，一系而日章。」懷寶而待時，尊退而賤進。凡攘臂道途，號呼街市，自炫曰我賢我賢以邀人之信，而乞人之舉，中國士大夫稍知自愛自重者不肯為。凡朋徒所附，群眾所趨，中國人傳統觀念，輕之曰俗子，曰熱客。蓋中國尚賢不尚眾，其政治上之出身與進階，在考試與課績，待之公評，不樂自炫。心習久成，難與遽改。又凡大政事大議論，中國人傳統習慣，常以文字發表，而不樂逞口說。故西國自希臘羅馬以來，廣場演說，為大政治家不可或缺之一事。而中國則僅有大奏議傳誦當代，乃至流布後世。而演說則無所取。大庭廣眾，感情激發，煽動群眾，鼓掌稱是，中國人不以為美。遇盤根錯節，或大題目，大辯論，往往獨居一室，條理敷陳，如賈誼、陸贄，亦足以轉捩舉世之視聽。重理智，不重感情。訴之于人人別居之退思，不脅之于大眾群集之激昂。若謂中土尚文，則西國尚口。若謂中國乃紙片政治，則西國乃唇舌政治。蓋中土以學治，而西國以黨治。此又東西兩土政制習俗，各自有其傳統相沿。可謂長短互見，兩有得失，而無所用其入主出奴也。

然非謂中國政制無缺點。舉要言之：以國家之長治久安，王室傳統，往往數百年傳遞不輟，而政府官員均來自田間，韋布之士，又孤立不黨，其勢常為王室尊嚴所屈抑，而王權時時越限，此缺點之一也。又中國傳統政治，其士大夫皆當經特殊之教育，使其為民喉舌，為國棟樑，自負以大命重任，而俯仰不愧怍。然而此種教育，則非其人不舉。學絕道喪，則士大夫易於腐化。富貴引誘於前，貧賤驅迫於後，下欺民眾，上諂權貴，而政事敗壞，更無主持之人，此缺點之二也。

下層社會之對政治，不易發生興趣，每每徒付其信仰期望於冥漠不可知之數，此缺點之三也。而一旦內部糜爛，外寇入主，部族政權之篡竊，又常易與考試制度相妥協。王室淩跨於政府之上。雖依然有一部份政權之公開，而無害其為奴隸使與強暴主，此缺點之四也。粵自辛亥革命，滿洲部族政權既倒，而中國商周以下四千年來，王室相承，為國家一統之象徵者，亦隨而俱絕。使國人驟失一最高中心之維繫，此有損於政事之安全者甚大。其代之而起者，又一切模擬西土，於本國文化不和調，不協適。而士大夫教育亦忽然中變，急功而趨利，裸外而偽中，知畏法而不知慕德，尚爭競而賤鄙退隱。民眾教育不易普及，而對政治觀念則相從趨新。目其上曰公僕，以法令為己身權益之護符，對上唯知猜防箝制。在下者以不肖之心視上，在上者亦以不肖之心御下，上下競以不肖之心相待，而往者最高中心之尊嚴，急切無從復建。於斯時也，士大夫服官從政者，上無所畏，下無所忌，中無所主。國法既隳，人情亦漓。縱私慾而染公利，饕其吞噬，而忘所靖獻。民國以來，政治流弊，大率由是。自今以往，為中國政治求出路，厥有三端，事在必先。一曰，中國應有新的統一象徵也。此新的統一象徵，既不能為王室之復活，又不能為一階級或貴族或資產階級或無產階級之專政。必使政府雖與時遷流，常有更新，而此新的統一象徵，則貴能超乎象外，巍然獨峙，庶有以維國運於不弊。二曰，中國應有新的國士精神。此國士精神者，明白言之，即謂之為一種新官僚精神，亦無不可。非有新國士，即無新官僚。非有新官僚，即不能有新政治。此新國士之精神，大要言之：仍當於中國傳統教育中吸取，仍當發揮學治之深意，如范仲淹所謂：「先天下之憂而憂，後天下之樂而樂。」如張橫渠所謂：「為天地立心，為生民立命，為往聖繼絕學，為萬世開太平。」必如此，而後無媿於學；亦必如此，而後無媿於仕。出而仕者，一切仍當以道義植基，而不當以權利為本。庶有以渡此變局，為中國闢一新境。三曰，中國應擴大士的精神，漸求其普及於全民眾。雖不能使全民皆賢，亦庶使尚賢尚眾之兩軌切紐合拍，更密更緊。而後政基深穩，達於不壞。此三者，一言以蔽之，則仍當不失其為中國政治之傳統精神。此則固非篤古不化者所與知，亦非騖新昧本者所能曉也。

（三一、二、成都中英中美文化協會講演辭，刊載於《學思》一卷十二期）

政治家與政治風度

一政治家之可貴，固然在其政才與政績。而更可貴者，則在其政治之風度。昔宋儒論學，特創氣象一語，常令學者玩索聖賢氣象。氣象之為事，可以心領神會，難於言辭描繪。今言政治風度，猶如論學者氣象，同樣非可以言辭指說，具體刻劃。姑試強說，風者乃指一種風力，度者則指一種格度。風力者，如風之遇物，披拂感動，當者皆靡。格度則如寸矩尺規，萬物不齊，得之為檢校而自歸於齊。故觀察大政治家之風度，每不在其自身，而在其周圍。凡此政治家風度潛力之所及，自足以感靡倫類，規範儕偶。如風偃物，同趨一向。如度規形，同成一式。因此一政治家之風度，其潛力所及，每成為一時代政治之風度。而此一種政治風度，既已為群力所凝，往往可以持續發展，達於數十年乃至數世之久者。此所謂開創之與守成，因其自有一姿態，自成一局面，可以形成一時期之特殊風格，而為歷史家所稱為一新時代也。夫政治事業，根本乃一群性的集團的社會事業，而同時則必須有領袖與主導。此領袖與主導而為一大政治家，則其風力之所感靡，格度之所檢正，常使此一群體一社團同時響應，有不知其然而然者。而遂以形成一種共有之趨勢，與共認之局面。惟如此，而後始得謂政治事業之完成。若其領導主持者，自身並無一種風度可言，即無一種潛力以為感靡與檢正，乃徒尚其尸居高明之地，登高而呼，聲非加疾，而生殺刑賞之柄在握，乃欲頤指而氣使，其府怨而招敗者不論，其有才能功績可言者，亦出於所憑藉，因高為深，非出本原。往往其事業即及身而止。而生時之成功，復有不敵其身後之遺禍者。此非深識洞鑒之士，亦多迷惘而不足判其是非得失之所在。故一政治家之風度，實為一種無形之才能，亦為一種不可計量之功業。論其感靡之深廣，與其規範之凝久，較之私人一時所表現之才能與事業，實相千百倍蓰而無算。而其本原所自，則在此政治家之精神與內心。其德性之所發露，學養之所輝照，斷斷非憑藉地位權力以爭顯其才能功績於一時者所能相提而並論也。

以上籠統說了政治家風度之重要，以下試就中國歷史具體舉出幾個大政治家的風度以資例證。國史浩繁，人物夥頤，殆難覼縷。姑就歷代帝王論之，其堪稱具有大政治家之風度者，約略稱舉，可得五人。一秦始皇，二漢武帝，三唐太宗，四宋神宗，五明太祖。此五人中，除宋神宗外，其餘四人，皆有豐功偉績，為後世所景仰。惟宋神宗不僅無大功績可言，抑且宋代政制之動搖，與大皇帝。而尤其使太宗高出千古者，則在其當時有一個花團錦簇的政府，賢相如房玄齡杜如晦，諍臣如魏徵王珪戴冑馬周，兼資文武如李靖李勣，其他能臣名將，舉朝不可勝數。登瀛洲十八學士，輝映史冊，前後無比。雲從龍，風從虎，最偉大的政治家，便在其有風雲際會。最可寶貴的政治風度，便在其能團聚風雲，使天地為之變色，舒慘為之易候。故貞觀一朝之名臣賢相，實乃相輝互映，以烘照出太宗偉大之地位。大政治家之成就，並不專在其自身。其更要者，實在其攀龍附鳳之一集團。房杜王魏之成功，即太宗之成功。房杜魏王之風度，即太宗之風度也。貞觀一代之政治風度，不僅感靡規範了唐室三百年之天下，抑且歷宋元明清，中國近代一千年來之歷史，依然為太宗風力之所感靡，格度之所規範。則其人之偉大可知。而其偉大之徵，則不在其自身而在其周圍。凡求於其本身見偉大者，此即其風度不足之顯徵也。第三要說到的是秦始皇。始皇雄才大略，長駕遠馭，開始混一寰宇，為中國開創大一統的新局面。其在中國史上之不朽偉業，既已歷古不磨。而其廢封建，行郡縣。相李斯乃楚士，將蒙恬乃齊人，皆客卿也。而始皇親子弟，則為匹夫，無尺土封。此等意量，豈非絕大難能。惟惜史乘闊略，今對始皇帝當時規為設施之詳，已不能述說。而其在大政治家風度上尚覺留有餘憾者，一則在其焚書與坑儒，二則在其築阿房宮與造驪山墓。大抵始皇帝風力甚勁，而其焚書則似近乎暴。局度甚恢，而其築阿房則似近乎驕。驕與暴，為一大政治家完成其事業後易犯之缺點，而始皇帝不能免。秦代之二世而亡，便是始皇帝此等缺點之暴露。第四要說到漢武帝。武帝以十七歲青年登寶座，較之唐太宗以十八歲經綸王業，尚早一歲。觀其立五經博士，為設弟子員，興廉舉孝，射策補吏，又特封公孫弘為平津侯拜相，擺脫祖宗相傳百年來宗室軍人專政之成規，為中國史首創文治政府之格局。東漢史家班固，稱其規模宏遠，洵非虛譽。為中國首創一統之局者為秦始皇，為中國確立文治之制者為漢武帝。秦皇漢武常為中國史家所並稱，洵堪媲美百禩，競爽千秋矣。而其對外之大肆撻伐，遠揚聲威，大漢之名，遂永為中國民族之嘉號。其武功之赫奕，尤可崇頌。惟以武帝較唐太宗，則似微為不如。所不如者，正在其政府之不能花團錦簇，而且有時不免見其為烏煙瘴氣。公孫弘最為一朝大臣，然布被脫粟，曲學阿世，以視房杜，便見慚色。衛霍之倫以親貴，張湯桑弘羊之儔以才具。僅有一汲黯，戇直能面諍，然已不如魏徵王珪之通史事而能緣飾以文學，而武帝尚不能常使親近。其晚年所用宰相，如李蔡公孫賀之徒，皆下駟材耳。然則武帝個人才氣儘高，而其手下人殊不像樣。武帝功業建設儘大，而其周圍之集團，所謂攀龍附鳳以共成此一政府者，惜乎其頗不相稱。及其晚世，家庭變故橫生，戾太子蒙怨而死，而時局亦見敗象。輪臺之詔，武帝亦親露悔意。幸而身後託付，尚得一霍光。又有昭宣之幹蠱。否則漢之為漢，幾於不保。故漢臣即在宣元之際，已於武帝多不滿之論。此非漢武帝自身才具之短缺，亦非其功業之不大，實乃其周圍之相與成政者之有以累武帝也。今即以武帝較始皇，似乎武帝多帶文學家氣味，不如始皇帝之嚴肅。故始皇而宋運亦不開擴。漢文帝最號賢君，其恭儉自守，良可嘉譽。然一大政治家之風度，貴乎高明而不貴陰柔。貴乎大氣斡旋，而不貴玄默自處。文帝終有道家退嬰之氣，與理想上大政治家之風度尚有辨。然西漢二百四十年深仁厚澤，皆由文帝濬其源。我們若用另一標準論之，則文帝洵中國史上第一好皇帝也。若論賢相，晚漢如諸葛孔明，雖崎嶇小國，實為具有大政治家之風度者。其告後主，曰：「鞠躬盡瘁，死而後已。」又謂：「成都有桑八百株，薄田十五頃，子弟衣食，自有餘饒。臣隨身衣食，悉仰於官，不別治生，以長尺寸。若臣死之日，不使內有餘帛，外有嬴財，以負陛下。」此其風節之高亮，為何如者！又曰：「宮中之事，事無大小，悉咨侍中侍郎郭攸之費禕董允。營中之事，悉咨將軍向寵。願陛下託臣以討賊興復之效。不效則治臣之罪。」此見其局度之恢張。諸葛嘗謂「開誠心，布公道」，此六字即足括盡大政治家之應有風度。誠心最為高風，公道最為廣度。而諸葛丞相之所微缺者，則在其主申韓之卑卑，猶未暇措情於儒化。其同時如曹孟德司馬仲達，雖各有才氣，各有幹略，開建基業，全為私家謀耳。既根本說不上功業，便輪不到算一政治家，更無論於其風度。其他如唐之李德裕，明之張居正，論其政治上之才能功業，皆有可稱。然論大政治家之高風廣度，則此兩賢均嫌不足，故其績業亦及身而盡。以言春秋之際，功業最大者，無過管仲。孔子曰：「微管仲，吾其被髮左衽矣。」然管仲才雖高，功雖大，論其政治風度，就見於《左傳》、《國語》及《管子》書中所記載，亦未見大可稱。對內之統制與組織，對外之權譎與變詐，此亦政才耳，皆與所謂大政治家之風度無關。無怪孟子謂「孔子之徒，無道桓文之事者」，誠鄙其風度之不足也。春秋二百四十年，最為具有政治家風度者，莫如鄭國僑子產。至戰國之世，商鞅申不害張儀范睢之徒，皆有才能功業，而風度皆不足稱。嚴格言之，僅有政才政績，而無政德，則皆不足為政治家。

上所云云，於本文所欲論列之政治家風度，通觀默察，庶可得之。竊謂政治事業，自身含有一種矛盾性。因政治事業到底為一種社團與群眾的事業，而主持政治領導政治者，又斷不可自儕於群眾之伍，自封於社團之內。故大政治家必當先有高遠之理想，與獨特之自負。再換一面言之，政治事業，乃徹底的一種英雄領袖的事業，而幹政治者，又絕不當以政事表顯其英雄之才情，完成其領袖之地位。而在能以其英雄才情領袖地位盡瘁犧牲於政事。故大政治家絕不當驕暴，更不當奢縱。而最要者，其理想雖高出一切，其自負雖不可一世，而其篤實光輝處，則在其能屈抑自己之英武，而返身回到群眾集團中。如風擺物，擺者乃物而非風。如度正形，正者是形而非度。最大的政治家，自己不見才能，而使群下見才能。自己不見功業，而使群下成功業。孔子曰：「巍巍乎惟天為大，惟堯則之。蕩蕩乎民無能名焉。」此始為最高最大之政治家風度。然而此又決非如道家之無為。故上文最推唐太宗，而微抑漢文帝，厥為此旨。今再退一步從此兩點來論一般政治家之風度。政治家理想的風力，應在能尊賢。理想的格度，應在能容眾。尊賢而容眾，雖不能說已盡了大政治家應有風度之全，然首先最要者莫出此兩點。故觀察一理想上大政治家之風度，斷不當著跟在其個人，而首當著眼在其集體，與相從共事之政府。眾籟成風，積寸成度。否則風高而薄，度廣而虛。有風而不見動盪，有度而不見短長。儘有才能功業，決非可大可久。循此以觀中國史書所載大臣名賢之政治事業，自可心知其意，不煩再費辭而解矣。

請試再以此一標準來看西洋史。著者居平常認中國民族為政治理想政治才能至高之民族，故論政治業績，就歷史演進之大體段論之，則歐西之所到達，實不如我中華之宏遠。即就近世史論，日耳曼民族誠為一可愛之民族，此兩百年內彼中哲學文學科學藝術各方面，皆有出人之造詣。然論其政治，雖自普魯士躍起摶成聯邦，如鐵血宰相俾斯麥，其功名之煥炳，事業之烜赫，誠足令人驚詫。然茍繩以我中華理想中大政治家之風度，則似遏乎尚遠。更如目前希脫勒，無論其事業之成敗，其影響於歐洲全世界者，固已至深至大。然以言風力，使人有過於暴烈之感。言其局度，則又限於詰屈之致。謂之為一世之怪傑則可，謂之乃政治家之楷模準則，盡人而知其非矣。抑且其畢生之所經營，要之只可謂其能運用一種極大之力量，使人不可抗，而仍非所語於理想上大政治家之風度。大政治家之風度，亦有力量，感靡檢正，使人心服。非不可抗，乃自不抗。使人覺為不可抗者，到底還要抗，故其力量不可久。非如大政治家風度之自有一種潛力也。故政治雖不可缺力量，而政治非即是力量。所謂國內之統制與組織，國外之權譎與變詐，此皆重在力量之運使，此中國傳統思想之所謂霸術，霸術無當於我華所抱政治之理想，霸才自亦非大政治家之風度。故德意志人民，在其他各方面，成績儘超卓，而在政治方面，則不能謂有大成就。其國運雖一時輝煌，而終感阢隉不安者在此。再言法國。法國自中世紀以來，文藝政治，常為歐陸歸嚮之中心。然法國政治，似乎略具一局面，一姿態，而極少大政治家為之領導主持。因此法國政治，乃漸成一空腔殼，所謂風高而薄，度廣而虛。實言之，法國政治，雖有一個趨嚮，而實在並無風力。雖有一個局面，而實在並無格度。法國蓋一文學勝於政治之民族也。惟盎格魯薩克遜人，似乎最具政治天才，因此英美兩國在近世史上，乃不少具有大政治家風度之人物。而其民主憲政，亦自具基礎，蒸蒸日上。較之德法兩邦，皆似遠勝。蓋德法正各居一偏。而英美則從容中道。較之吾中土所懸政治理想，獨英美較為接近。然言英美大政治家風度，仍與中國傳統觀念，有其不同。此則關係於兩方文化系統之根本異點，一時殊難詳細剖辨。所欲論者，暫止於此。再回頭反看中國近代政治，則其弊復有可得而言者。

大抵中國目前政治上一甚大弊害，即為對於理想的政治家風度之缺乏。自明太祖廢宰相，已對政治家風度之陶冶，加一大打擊，使理想的政治家風度無從產生。及清代滿洲部族狹義政權得勢，更無使理想的政治家風度有迴旋之餘地。中國近世史六百年來，因此遂甚少理想的政治家。有奴才，無大臣。有官吏，無政治家。直到咸同以下，中國人始得稍稍展布，封疆大吏略有生氣。

然還說不到發皇暢遂。及辛亥革命，而中國人對政治觀念又為之一變。大率醉心於西方民主共和之理論，而誤解其意義。以為政治只是多數群眾的事，只是社團黨派的事，而沒有注意到領袖人物之培養與愛護。則最高境界，至多只能像法國。空呼自由平等，實際則亦只如法國。其政治上之紛亂無秩序，無力量，遂最先為中國所學到。及中國人自己感到此病，則又掉頭想學德國。德國人對內是統制與組織，對外是權詐與詭譎。中國人無力對外，則一切用之於對內，而其紛亂與無秩序滋益甚。中國人自己有兩句格言，一曰：「有治人，無治法。」二曰：「士先器識而後才藝。」竊謂此兩語，正可用來指導目前的政治出路。似乎國人此三十年來，一向對於政治過分重視了制度與理論方面，而忽略了政治上之人物。其對人物，又一向重視其才能與功績，而忽略了政治上之風度。政治家無風度，如何足以感靡倫類，規時範俗？政治家無風度，則全個政府亦將無風度。無風力，則不足以為感靡。無格度，則不足以資規檢。政治事業，雖說應該建基於平民群眾，到底政治依然是一種居上臨下之事。若政治家無風力，無格度，不能感靡倫類，規檢時俗，則政治力量全已失去，於是踞高位而運用政權者，勢不得不憑藉其勢力與譎詐。而憑藉勢力與譎詐，則根本說不上是政治。有時對外猶可收或然之效，然亦終不勝其將來之弊害。若不能對外而用以對內，則更屬為害無窮。德法兩邦政治，常以對外來調劑對內，此乃兩國政治家風度不足之明證。在平民（多數）政治與英雄（獨裁）政治之交界處，有政治的真地位。這一個地位，非講

新原才

頃見報載最近九中全會，有集中全國人才，為建國基本政策之提案，有所棖觸，特本湘鄉曾氏意，作新原才。

一時代的人才，照理應該可以應付一時代的事變。而這一時代的事變，亦惟有讓這一時代的人物來應付。萬不能擱置事變，懸待人才。而當事變孔亟之際，又往往有才難之歎。則如何鼓舞人才以應急需，其道自有出乎教育樹人百年大計之外者。

夫人之才性，各有攸宜。然如百物，靡不有用。要之，天下無無用之人，然而有用之不當其才者，有雖當其才而未盡其用者。誠使人當其才，才盡其用，則同樣那一個時代，同樣那一些人物，而其效用力量，可以十百千萬而無藝。譬諸弈棋，國手下子，當路當位，一子有一子之用。

同樣一子，自見它特殊的效能與力量。不僅此一子下得有用有力，而且由此一子，可以影響及於他子，使其各各顯效用，各各表力量，通盤生氣活勢，自成勝局。低手下子，同樣一著，而不當路，不當位，不僅此子絕無效用，絕無力量，而且由此一子，影響及於他子，使之各各失其效用，喪其力量，全盤窒塞，自尅自制，便成敗局。這完全由於下子的人，而不在所下之子。再以盡人皆曉之麻雀牌譬之。花字筒萬索，只要配搭得當，則張張是好牌，張張有用。若配搭不上，則張張是虛牌，張張沒用。一顆棋，一張牌，其本身雖有分別，而並非有絕對的分別。每顆棋，每張牌，皆有它可盡的效能，可顯的力量，只不能單獨地表顯，必待投之全局而後此棋此牌始有其地位，始有其效用與力量。而投之全局，則非此棋此牌之所能自決自奮，而必待於有調度而排布之，配搭而部勒之者。李光弼入郭子儀軍，還是這一個軍隊，而便覺旌旂壁壘一新，亦同樣是此理，所以曾氏原才，特別看重在當路在勢之人。正因為他是一個下棋投牌的，棋與牌的效用與力量，都要由他而顯。當曾氏時，湖南一省，便出了好許人才。這並不是當時人才只出在湖南，只因曾氏就近用了湖南人，而能人當其才，才盡其用，因此覺得湖南人才特別多。別省的人，未經曾氏大國手安排配搭，便成死棋廢牌。此雖淺喻，中寓至理。

然而陶鑄人才，其事固不僅於排布配搭，而更有其尤要者，則曾氏所謂轉移習俗是也。風俗之與人才，如影隨形。有一時之風氣，斯成一時之人才。人才即由風氣出，而為風氣所限。先秦風氣異於春秋，斯先秦人才自與春秋不同。西漢風氣異於先秦，斯西漢人才又自與先秦不同。此下如東漢，如魏晉，如南北朝，如唐宋元明清各時代，有各時代之風氣，斯各時代有各時代之人才。惟其人才不能超出於風氣之外，所以陶鑄人才，其道無他，端在轉移風氣。幸而風氣之轉移，其事並不難。所謂風氣，本指其易動易轉而言。其事恰如女子之新裝，時時翻陳出奇，不守故常。當一時代新風氣之初興，其事常足以刺激人才，而使之奮發，此即曾氏之所謂朝氣。然而風氣易變，亦易倦。此如女子新裝，不久便成俗套。待其風氣之既疲既倦，則又足以消磨人才，而使之頹廢，此即曾氏之所謂暮氣。因此當路在勢者，常當就其風氣之欲倦欲疲而鼓舞作興之，常使之不倦，使常呼吸於朝氣中，而不使有日暮途窮之感，則人才輩出矣。

反而言之，使當其時而群感有才難之歎者，此必其風氣已倦已疲之徵。否則風氣方新，人才決不至於衰竭。就此理以論當前之風氣，庶乎亦足為感才難者之一參考。猶憶為兒童時，聽長者否臧人物，必曰，某也開通，某也則否。其時「開通」二字，似為一時風尚之所趨。開通之反面，則為「頑固」。罵人頑固，則不啻奇恥大辱。五十年前，此一種羨慕開通之風尚，足以鼓盪前清末葉一種頑固閉塞之重霧而使之開朗，亦即為當時已窮已絀之人才與以一種刺激。當時新人物之興起，則莫不代表此種新風氣，所謂開通是也。如康有為梁啟超便是開通，如孫中山黃克強更見開通。只就開通的風氣裏醞釀出開通的人才。社會要求開通，便須活動。不活動，便不開通。而開通人物之在社會，亦必表現其一種特殊的活動。不活動，亦無以見其為開通。戊戌政變，即一種活動也。辛亥革命，更是一種活動。有開通的新人物，斯有活動的新事業。

然而風氣之變，如馳如驟。民國以來，便漸漸聽不到人說某人開通，而只聞人說某人活動。若論開通，則其時已無人不開通。其時社會已斷無垂豚尾讀八股為頑固者。開通之言論與行事已成為司空見慣。其時臧否人物，乃全在其能活動與否。然而風氣人才之移步換形，正在此等處。使人迤邐而下，陂陀日降，而不自知。那時的風俗人才，便似有漸不如前之象。何以故？以前由其智識思想之開通而活動，其活動有本原。今則徒知愛好活動，而活動無本原。舉世競好為一種無本原之活動，其心術行事，往往出乎軌道而形成亂態。

最近的當前，似乎批評人的又不說某人活動，而常聽說某人漂亮。漂亮又與活動不同。活動尚屬有力，而漂亮則只是一姿態，一腔殼。當前的風氣，早已全都知道活動，亦全都在從事活動，所以臧否人物者，不在其活動與否，而在其活動得漂亮與不漂亮。本來早已是一種無本原的活動了，人人都為活動而活動，則其趨勢所至，自必走向圓滑與輕薄。只有圓的，滑的，輕的，薄的易活動。方正嚴肅，厚重篤實的，不易活動。圓滑輕薄，即是漂亮。方嚴厚重，即是不漂亮。因此這一時代的風氣與人物，漸漸成為一種圓滑輕薄的漂亮風氣與漂亮人物。這是五十年來風氣演變人才轉換之一個大概況。

不佞居教育界久，親見往時每一學校當行大典禮時，其校長教務長齋務長等，雖屬和易坦率一路的人，亦必裝出嚴肅形態，作一番堂皇的訓詞。一輩學生，則雖有桀驁倜儻者，亦多正襟危坐，靜默恭聽。當時人心裏，以為不如此似乎不成體統，不像樣。後來漸漸變了，逢學校有大典禮，訓話是聽不到了，只有學校負責人一番報告。次之，則有所謂名流與學者之講演。講演辭則全是淩虛盤空，不落邊際。只有一套學說，而並不關涉于行事。更其次，則是種種興高采烈的游藝與餘興。那時雖素性方嚴厚重的人，雖身為校長教務長之尊嚴，亦不得不在群眾歡笑鼓噪之中，立起來說一個笑話，或其他之類。非如此不見通脫，而且也太不漂亮。一輩青年學生，其心術，其情態，其做作，全是朝向所謂漂亮，全喜圓滑與輕薄。方嚴厚重，非討厭，即招笑。就如以女學生論，五十年來最先時代之最少數者，乃代表開通。稍次時期，稍多數則代表活動。最近大多數，則代表漂亮。人自在風氣中移步換形而不覺，大勢所趨，則顯是如此。

不佞於政界一無所知，然不妨姑妄言之。請以最近政界中兩人物試加分析：一、汪精衛，一、張學良。此兩人均有相當才情，有相當閱歷，均負政府相當重任。其底細我不知，微窺其言論風采，則亦漂亮人也。平日行事，只是活，只是動。居常處素，則只見其圓與滑。一旦逢危蹈險，則見其輕與薄。西安事變與河內私奔，暫不從和戰大計立論，就其行事，終是于公則輕，于私則薄。一世方尚活動，愛漂亮，宜其有此能活動極漂亮的人物。

一俟舉世盡是此等圓滑輕薄的漂亮人物，則其時雖不能為大治，亦不能為大亂。其時則只是不安定，不沉著，無血性，無氣力，而人心則於是乎漸厭而漸倦矣。人心一倦，則鼓不起興趣，打不起精神，相與以虛偽相粉飾，以敷衍相欺蒙。在此情形下，而要物色抗戰建國之人才，則非先變其風氣不可。改變風氣，則在反其道而行之。短袍則一變而為長袍，窄袖則一變而為寬袖。正如湘鄉曾氏所謂：忠誠耿耿，篤實踐履之士，此正今日之所急需。非如此，亦不足以轉風氣而勵人才。今日已如滿盤死棋，惟留一劫，眼見得前面只賸一條路。今日只貴能艱苦卓絕，紮硬寨，打死仗，更不貴有其他活動。今日只貴有不可踰越之廉隅，不可侵犯之節操，更不貴輕薄與圓滑。今日只是一個嚴肅的場面，擺不上漂亮的裝飾。必如此，而後有剛大之氣。亦必如此，而後有堅貞之守。非剛大堅貞，亦無以勝抗戰建國之重任。而此種人才之造成，其本雖在於學校之教導，而其機實操於社會之風尚。其為效之速，尚有超乎學校之上者。而此種新風氣之薰染，轉移，與完成，發動之在上，較易而較速。發動之在下，較難而較緩。湘鄉曾氏所謂一命以上皆與有責，則自更不得不切望之處高明之地者。

風俗頹敝極矣，頗聞憂時之士，有主法家循名責實之論者。循名責實非不佳。然只恐還是消極的懲塞，還不是積極的鼓舞與興發。與其慕效張江陵，請仍師法曾湘鄉。

（三一、一、刊載《大公報》）

病與艾

我幼年曾受一段私塾教育。當時讀了《論語》讀《孟子》，讀到〈滕文公章句上〉，我的私塾生活遽爾中止。《孟子》便沒有讀完。後來不記在那一年的冬天，忽然立意要將《孟子》通體讀過一遍，於是揀定了陰曆開歲的大年初一，我把自己反鎖在一間空屋裏，自限一天讀完一篇。第一個上午便讀〈梁惠王章句上〉，讀到能通體背誦為止，然後自己開鎖出門吃午飯。下午則讀〈梁惠王章句下〉，到能通體背誦，再開門吃晚飯。如是七天，直到新年初七之晚餐，我的一段心事始告完畢。

這大概是廿餘年前的事了。但我每逢新年，往往回憶到那七天。雖則在陽曆的新年，我也會時時連帶想到這件事。今年的陽曆新年，我依然照例想到了此事。只是以前所能通體背誦的，現在已通體忘卻，只記得有那麼一會事，又常零碎的記起七篇裏的幾許話。

我常覺得孟子有一些極耐人尋味的話，我時常會記憶起。我此刻則忽然的記起了如下的幾句。孟子說：

七年之病，求三年之艾，苟為不畜，終身不得。

這是一般設想的譬喻。他的大意是說，一個人已犯了七年的病，而他的病卻非儲藏到三年之久的艾，不能炙治。但是問題便在這裏。儻使此人事前並沒有蓄藏三年之久的艾，我想他那時不出三個辦法。一是不惜重價訪求別人家藏三年之艾的，懇求出讓。但是此層未必靠得住。一則不一定有人藏，二則藏的不一定肯讓，三則或許要價過高，我不一定能到手。第二個辦法是自己從今藏起，留待三年再用。可是他病倒在床已有七年之久，從今藏起尚待三年，這三年內，病況是否可待，還是沒把握。第三辦法是捨卻艾炙，姑試他種治療，但是更無把握，而且醫藥雜投，或許轉促其死。明知三年之艾定可療此病，只是已是七年之病而更要耐心守三年。

我時時想起這一段譬喻。我想那病人該悔到以前沒有預藏此艾，現在開始藏蓄，雖知有十分可靠的希望，但是遙遙的三年，亦足使他惶惑疑懼，或許竟在此三年中死去。我好如此設想那病人心理的變化。

我想一大部分病人，似乎走第三條路的多些，走第一條的亦有，決意走第二條的要算最少。

因為那七年病後的再來三年，實在精神上難於支持。然而孟子卻堅決的說，苟為不畜，終身不得。他的意思，似乎勸人不管三年內死活，且藏再說。我不由得不佩服孟子的堅決。

但是我現在想到這幾句話的興味，卻不在那病人一邊。我忽想假使那艾草亦有理智，亦有感情，它一定亦有一番難排布。我如此設想，倘使艾亦有知，坐看那人病已七年，後事難保，儻使艾亦有情，對此病人不甘旁觀。在理智上論，他應按捺下心耐過三年，那時他對此病人便有力救療。但是萬一此病人在三年內死了，豈不遺憾終天。在情感上論，那艾自願立刻獻身，去供病人之用。但理智上明明告訴它，不到三年之久，它是全無效力的。我想那病人的時刻變化，那艾的心理亦該時刻難安罷。

因此我忽而想到時局問題，想到目下大家說的一句「爭取時間」的口號。我想那病人與那艾亦正在「爭取時間」，只與我們所說的爭取時間，略有些差別。我們說的爭取時間，似乎專指在戰場上與敵人相持間的爭取時間，而我卻因孟子的話，想到後方的人，亦各該有他們的爭取時間，而尤其令我想到那艾。照《孟子》的話，三年之艾似乎與二年零十一個月的艾性質功能絕然有不同。艾該自藏到三年，但因那病人的狀況，卻使它總想姑一試之，感情上總有另一個希望在搖動它。今設此病人萬一待到兩年零十一個月而姑試用此艾，結果藥性不到，仍無功驗，那又非從頭再蓄三年之艾不可，而他的病卻要等到十二年以上，豈不更焦急？

這是一件怪動人情感的事。我不知別人是否如此想。病是十分危篤了。百草千方胡亂投，那艾卻閒閒在一旁，要在此焦急中耐過此三年。艾乎艾乎！我想艾而有知，艾而有情，確是一件夠緊張亦夠沉悶的事。

廿餘年前七天裏背誦過的《孟子》，全都忘了。適在新年偶憶前塵，胡亂想到的只要關於孟子，自己仍覺得有趣。實在有趣的應該是在廿年之前吧。姑爾寫出，或許世真有艾，同情此意。

（二八、一、《昆明今日評論》）

過渡與開創

歷史上的事情，往往有在當時極不易明瞭，過些時則極易看出。一個老的時代過去了，一個新的時代來臨。但是那個新時代，是一個開創的時代呢，還是一個過渡的時代，這是我們所渴欲知道，而一時卻不易遽知的。

何謂開創時代。這是說即此已是新時代之開始。譬如建築，目下雖則是縱橫瓦礫，上無蓋，旁無靠，但是將來的美輪美奐，便在這個基礎上，便從這時開始。這已是我們將來成家安身的所在。

何謂過渡時代。這是說，舊的雖已去，新的還未來，這只是中間一個過渡，在這裏還停留不得你的腳步，安頓不下你的心神。譬如行旅，中江而渡，叩舷長嘯，擊楫高歌，未嘗不是一時之雅興，然而前途茫茫，税駕之所，並不在此。

這似乎是極易辨的事，然而並不易。因為當你走下渡船的時候，未嘗不是一個小歇腳，未嘗不足以使你暫時舒暢，你或許會妄認以為是歸宿之所了。當你見到縱橫瓦礫，一片雜亂的時候，儘可使你坐立不安，望望然而去之。

舊的時代，大家知道是過去了，但是我們的新時代，不知是在過渡中呢？還是在開創中？此雖不易辨，但卻又不可不辨。

過渡決不是了局，不能常此過渡，我們該早登彼岸，急奔前程。開創卻又不是急切可了的，我們得耐煩，得忍勞，得死守，得苦幹。換言之。過渡是一個不可久的局面，要我們另尋道路。開創是一個不可捨的局面，要我們繼續努力。

大唐的沒落，朱全忠李存勗石敬塘一流人，個個都以為自己是在開創，只有高臥華山的陳摶祖師，心裏明白不是這麼一會事。這些歷史上的例，現在不用多說。

或以為歷史只是一個前進，開創亦還是過渡，過渡亦算是開創，任何一個局面不得久長，任何一個局面亦不該抹煞，這是一種盲目的瞎闖主義，我們應該略加以糾正。

請舉最近事例說之！大者如洪憲稱帝，若使袁世凱早知道這是一個不可久的局面，決不能成為開創的事業，當時的袁世凱自然知道放棄此項夢想。小者如蘆溝事變以前之南京各項新建築，若使當時深切知道國難嚴重，不久可以有焦土抗戰之發生，當時的各項建築，亦必稍稍改變計劃。難道我們對於我們的前途，不該有一些先見嗎？

然而難問題依然存在。人人自以為有先見，你說這只是一種過渡，我說這定是一個開創，這又誰是誰非呢？能不能從歷史經驗裏籀出一個公例，如何樣的是過渡時代之象徵，如何樣的才算是開創時代之表記？

讓我們把過渡與開創之分別，再說得明白些。

歷史上的事業，並不是一手一足之烈在短期內所能完成。因此一新事業之創興，必然需得同時（當然只有多數而非全體，）乃至將來（當然非無限止的將來，）人的擁護與繼續，而後此項事業始有完成之望，我只為此事業開其端。這便是所謂開創。若使我的事業，得不到將來乃至同時人的繼續與擁護，則我雖一時在此幹此一事業，撐此一局面，不久將為別人所推翻與取消。則我之此項事業與局面，不過為將來別一事業與局面之一種過渡。用成語說之，開創是創業垂統為可繼，過渡則可以說是傀焉不可終日。

過渡復過渡，便成混亂。開創復開創，乃為建設。這裏邊的機括，似乎權不在我而在別人。其實不盡然。只要我的事業和局面，多少為著別人，為著將來，則別人和將來，自來擁護與繼續。只要我的事業和局面，全是為著目下和自己，則將來和別人，自來推翻與取消。

這樣，我們已為開創與過渡尋得一個辨別標準。這一個標準，不必依賴所謂先見，只要當事者一種深切的反省。只要一個時代（自然只指多數，非全體。）都經得起這個反省的，這是一個開創的時代。經不起這一個反省的，只還是一個過渡，說不上開創。

難道歷史上的所論開創時期，那時的人，都是為著別人，為著將來，經得起這個偉大的反省嗎？這又不然。浩浩長途，疲於津梁。過渡復過渡，了無休息，經過了長期的變動和翻覆，那時的人，固然並無間心力為別人為將來打算，乃至吃盡酸楚，生不如死，甚至不願為自己為目前營謀，此所謂動極思靜，亂極思治，雖不在開創中，卻亦不在過渡中。詩云，民亦勞止，汔可小休。在長期的過渡之後，要走上開創的路，必然有此一番小休，而人便把這一番小休亦算是開創。但真正的開創，則無不合乎我上述的標準。

如此，我們又可為開創與過渡尋得第二個辨別的標準。茫茫然的前進，大體還是在過渡的行程中，而肅然停止下來，反而常是開創之朕兆。這一個標準，卻不必反省，而可用來從旁面作觀察。

政治的規模，學術的風尚，乃至社會的種種，都有一個開創與過渡之辨。目下大家正高呼著前進，大家以為新時代已來到，但是我要請大家各自觀察，各自反省，我們的時代。究還是在開創中，抑還是在過渡中？

（二八、四、《昆明益世報》星期評論）

現狀與趨勢

覘國論世者，必於兩種事態當辨。一曰現狀，一曰趨勢。趨勢即在現狀之中，而其變可以超出現狀之外。就現狀論，康熙時代遠不如乾隆。就趨勢論，則康熙時代一般的在上進，而乾隆時代一般的在下降。故從康熙造出清室之全盛，從乾隆造出清室之中衰。大業之與貞觀亦然。高昌王麴文泰於貞觀時入朝，見沿途城邑邱墟，民物蕭條，大悔，謂中國已遠不如有隋之盛，自此可不復往。然不久唐兵入高昌。麴文泰蓋僅知觀現狀，昧於察趨勢也。

甲午以前之中國與日本，就現狀論，則中國強而日本弱。就趨勢論，則日本方蒸蒸日上，而中國則諸病百出。甲午以後迄於最近，就現狀論，日本如日中天，而中國則每況愈下。就趨勢論，則日本如五一五，二二六事件之繼續迭起，正可說明內裏衰象之暴露。而中國如淞滬抗戰，長城抗戰，百靈廟出擊，以至西安事變之消弭，正可說明中國之民氣與敵愾，乃至國家漸漸走上統一之途，正足為未來中國一線光明之朕兆。日本軍閥，似乎亦知道這一點，汲汲乎乘其欲衰未衰之氣，來摧殘中國方興未興之運。中日戰爭即在此種狀態下開始。

抗戰以來，頗聞人時時談及南京漢口重慶之政象，酣歌恆舞，紙醉金迷者，依然不乏其人。從前方絡續逃避後方者，見後方政事之洩沓，官場空氣之委靡不振作，無不嗟慨不已。其實此無足怪。中國政局之腐敗，由來已久。此即中國目前現狀之一。若中國早有清明奮發之政府，則中國現狀早已改觀，中日戰事或根本可以不起。即起，亦不致如今日之景況。若知中國政局本是如此，則無所用其嗟慨也。

前方繼續淪陷，後方繼續繁榮。或者觀於重慶昆明諸城市之新景象，如汽車之奔馳，酒館戲園電影場之熱鬧，妖形冶容奇裝異服之蜂擁而來，又不禁生其憤悶。不知此亦無用憤悶，此亦即中國目前現狀之一。中國中上階層，自海通以還，沾染似是而非之西化，沉溺於物質的享受，迷途日遠，早已與國內一般勞苦民眾的生活，隔絕如兩世界。內地則貧苦益貧苦，沿海通商都市則奢侈益奢侈。一旦此輩轉來內地，集平津京滬之氣派，與內地之貧苦境界相映對，自然刺眼。然當知避難而來者，皆已流離失所，若就原來平津京滬之生活而論，早已打盡折扣，有不堪回首之想矣。

不僅避難民眾，源源奔集於後方，而國內各地大中等學校，全國智識界最高學府以及學術界之名士，及多數之青年學子，亦鱗萃霧集於緊狹之一角。學術界之虛偽不誠，輕浮不實，脆弱無力，浮泛無根，亦漸漸為人所不滿。然此亦數十年來所謂新教育之本色。當知上述中國政局及中上等社會之形形色色，大半固受過新教育之洗禮。今日之統治者，以及社會中上階級領袖分子，智識階級，本是一鑪所治，為造成目前現狀之主要部分，則抗戰時期教育之不過如此，亦無足怪。

然吾儕苟肯轉移目光，從後方而注意到前線，則自然有不同的景象。當知欲預測新中國之趨勢者，乃在彼不在此。兩年來前線將士之一致抗戰，以劣等的武裝，刻苦的給養，當優勢之敵軍，前仆後繼，有敗無潰，愈挫愈強。正當敵鋒者不斷向前，淪陷敵後者轉為游擊。大隊士兵之艱苦抗戰，配備之以廣大的農村民眾，以及全國多數智識青年之服務於前方者，支撐著一個最緊張最險惡的局面。此則承接淞滬抗戰長城抗戰百靈廟出擊西安事變以來之一種民氣與國愾之繼續高漲，自與後方之政象，都市生活，以及學校空氣為截然不同之兩種姿態焉。

然而評衡時局者，固不必偏重於後方之情形而悲觀，亦不能偏重於前方之情形而樂觀。當知一片廣大的天空，同時不能長容冷熱兩種不同空氣之並存。同一國家社會之下，亦不許長有兩種絕不同的環境之對立。抗戰將及兩年，中國的新趨勢固是愈來愈顯，而中國之舊現狀，卻亦以愈向後方集中及愈與前線對比，而亦益顯其真面目。如是則使中國之抗戰局面非但一時不能呵成一氣，而轉若有將繼續蛻變而成兩個極端之狀態。

此種兩個狀態之對立，對於抗戰前途，亦有其必然之趨勢。試分三步言之。一則苟此種狀態繼續存在，又繼續加深加顯，則將使抗戰前途愈趨艱險，抗戰勝利愈益展緩，一也。一日抗戰告終，前後方之界限終必消滅，此時則如兩邊冷熱空氣之忽然對流，勢必醞釀出一番風雨，二也。而此番風雨之為祥風甘雨，抑為橫風暴雨，則尚在不可知之數。何者，若使雙方冷熱度相差過甚，則一旦風雨驟起，其勢必暴。或且結為沈陰，凝為雹霜，如是則風雨之後，沍寒不解，淒陰益厲。百陽憔悴，溫和閉藏。此則詢之鄉愚老農，莫弗知者。惟少與自然界接觸者，乃見謂天意之難測耳。

目前中國之現狀與現趨，具如上述，皆甚明白。惟有一端難言者，即現狀乃目前之實相，而趨勢則夾有將來之傾向。目前易知，將來難測。要之既有此趨勢，則必向此方面進行，此則雖有大力，莫之能遏。因此前方空氣雖嚴寒艱苦，而後方溫暖懷抱中仍不絕有投向前方者，此即我所謂現狀下之一種趨勢也。惟趨勢終是趨勢，而現狀則仍為現狀。至於代表現狀之後方，如何能不斷送其暖氣以向前線，使我所謂冷熱兩種境界，早能調和，呵成一氣。使前方不致過冷，後方不致悶熱。則天氣驟變，前述諸候未必可見。此則雖熟於觀風望氣之老農，在天空未有朕兆之前，亦殊難有把握之預料。故在現狀中斷定趨勢，終不免為一種無準則之空論。如是則高昌王之見解，

變更省區制度私議

行省制度，在中國並無深遠歷史。其創興在元代，而明清因襲之。此項制度之用意，並不在便於地方政治之推進，而特在利於中央勢力之統轄。元人所謂行中書省，乃是一個活動的中書省，即最高中樞機關之分化。其意惟恐一個中樞機關，不足控馭此廣土眾民，乃為此變相的封建，形成一種分區宰御制，專為蒙古人狹義的部族政權而創設。明太祖初起，承襲未改。但不久即取消行中書省，而代以布政使為各省行政長官，此不失為一種比較合理的改革。惜未將元人行省分區詳細改正，而以後又絡續於布政使上增設巡撫總督，依然與元人之行中書省相去無幾。清代同為一種狹義的部族政權，他們更有意利用行省制。各行省督撫，大體多屬滿人，（此與蒙古一例。）用漢人乃其不得已。乾隆全盛時，全國督撫，幾乎盡屬滿人，漢人則寥寥可數。洪楊起事，滿洲疆吏無不僨事，乃不得不起用漢人。然到晚清末葉，全國督撫，又依然是滿人為多。就督撫之名義論，已顯然為一種軍事統治，而同時督撫又兼中央都御史的官銜。可見行省制用意在中央監臨地方，並不為地方本身著想。

進一步言之。行省制度，雖說是一種中央監臨地方的制度，卻只是一種變相的封建，只是分區宰御，非中央集權。若各地方政治，能在統一的中央政府下順利推進，各地均得欣欣向榮，地方政權絕不致忽然反抗中央。因此漢唐盛時，亦並無定要集權中央之用心。漢之州牧，起於東漢之末葉。唐之藩鎮，由於黷武開邊而起。宋代懲於唐中葉以下之藩鎮割據，始刻意謀為中央集權。然宋代之中央集權，亦並不與此後行省制相似。行省制既不利於地方自治，又不利於中央集權，乃是橫梗在中央與地方之間。易於引起尾大不掉的一制度。清末督撫，乃至民十七以前之各省督軍，事例昭然，不煩詳論。

更進一步言之。行省制雖說其用意在分區宰御，而亦並不利於宰御。總督巡撫，在名義上，顯屬軍事統治之性質，而每一行省，實際上則並不能自成一軍事單位，為中央對外禦寇，對內弭亂。元人分省建置，似有意全變唐宋分道之舊。每一行省，在地形上，均不能自保自全。各省州縣錯隸，險要全失。往往一府一縣可以震動全省，而一省可以震動全國。因此明代經略，或至七鎮，總督總理或至八省七省五省。顯見省區並不即成一軍區。清代有大兵役，必特簡經略大臣參贊大臣，督撫不過承號令，備策應。川楚陝教匪以及洪楊之變，反而在省區制的弱點下得勢。曾左胡李削平洪楊，因於其有權節制數省，又能自相協調，故得成事。就最近事例言。如稍前之清共，與當前之抗日，亦均不能以一行省為一軍區，仗之對外禦寇，對內弭亂。因此行省制在平時足以阻礙地方政治之推進，在變時亦不足以保障地方獨立之安全。

至論經濟物產民情風俗各面，現前行省分區，亦並不能真有一客觀界劃與之相應。

民國以來的行省長官，尤其如最近的省委員制，其性質顯又與元明清三代的行省長官不同。殆已變為地方行政長官之領袖，而非中央機關之派出所。省行政長官之性質，不是中央委來監察或駕馭地方，而為一地方行政之最高機關。此乃時代政治意識之進步。但在此轉變下，亦有流弊。因省分區過於龐大，對中央言，雙方行政權限往往不易劃分明晰。(舉最淺顯例言之，如一省可以在其境內自造一條鐵路，或自設一個大學。) 民初曾有主聯省自治，以及各省議會自制省憲等活動，正因省區劃分過大，因此時有使其從中央看來好像易於侵犯中央的職權之嫌疑。同時對地方言，亦因省區過於龐大，一個省政府，統轄幾十個縣政府，省縣規模，大小懸殊，因此使省政府高高在上，不易實做地方上親民的長官，而另有使他在地方上看儼如一個小中央的嫌疑。省機關處在此兩種嫌疑之下，縱有好長官，亦不易有好成績。正因行省分區，本不為推行地方政務而設，現在借以推行地方政務，自有許多窒礙。

中國目前的建國工作，其前程有兩個必需達到的任務。第一是完成中央統一，又一是完成地方自治。此兩工作，應同時並進，同時完成。而亦可以同時並進，同時完成者。其主要機栝，則在必先修改現在的行省分區制。

大體言之，當將現行省區，分劃縮小，略如漢之郡，唐之州，或如清代乃至民初之道區制。把現在每一行省劃分為四五省六七省不等，一省大率統縣最少不少過六七縣（此就邊區新設省分而言），最多亦不能超過二十縣。全國共達百數十省乃至二百省。名稱則仍為省，而不稱為郡州道，因省名已為一般社會所習用。二則此項制度之改革，乃在提高地方行政機能，使其切實活潑加強，而非減抑地方政權。新的行省長官，其地位待遇，亦應與舊行省長官一例。此種新省機關，應採用長官制，不採用委員制。如是則一個新的行省長官在其所轄境內，庶可獨立展布，亦使獨立負責。附屬於省機關之教育財政建設公安各項，則設局不設廳，而總成於省長。

現行的省委員制，一省每每有七八委員。若使此七八委員，各自獨立擔當一方面，以同樣的人選，而無現在臃腫牽綴推卸躲閃之弊，當更能盡其效。

在新省區下的縣長官，其地位待遇亦當同樣提高。在省縣的聯繫上，一省所轄最多不過二十縣，省縣規模地位不致懸絕。情誼易通，意氣易洽。縣長官的地位，在精神上亦同樣如在物質上牽連而提高。一縣長官，亦使獨立負責，獨立展布。附屬於縣機關的教育財政建設公安各項，則設科不設局。

同時在縣省長官獨立負責獨立展布之旁面，賡續推行縣議會與省議會。（縣議員選舉法此暫不論）每縣議員在二十人左右，由各縣推選至少一人至多兩人為省議員（則省議員至多不超過四十人）。而省議會的職權，因省區縮小，易於與中央劃分，不致衝突。而省縣長官之旁有省縣議會之監督，亦使能者易於見功，不肖者難於逃罪。而地方自治之實，漸可期望。若真求切實活潑加強推行地方政務，則縮小省區之後，將依然覺得省單位之大。

就中央論之，省區縮小，牽涉到幾省以上的事務，自然劃歸中央，而中央各部亦可切實負責切實發展。中央對各新省，則以現行監察使制度盡其督促監視之責。（略如漢之刺史與唐之觀察使）而地方則由各新省的省議會再各選至少一人至多兩人之國會議員以表達地方意旨監督中央政務。如是則地方與中央可以活潑連成一氣。一面是中央明白交付地方以自由推行政務之權，一面即是中央向地方取得統一集中之權。故說地方自治與中央統一可以同時辦到，其機栝只在將現行省區略略修改也。

一種制度之推行，其最要前提，還在與當時實際人事相和洽。並不能抹殺人事，空立制度。尤其當前是抗戰艱難的時期，一切政制，惟求減少人事磨擦，增進軍事便利為第一義。上述意見，僅就理論上空洞陳說，以備政府之參考，同時引起社會之注意與討論，為將來改進一種準備。筆者於目前實際政況，昧無所知，不敢謂此種意見，即速便可推行。惟仍就淺識推想，則覺此項改進，即在當前，亦未嘗無斟酌試行之可能。

試先舉目前處於抗戰前線之各省區而論。如豫、鄂、皖、贛、湘、粵諸省，或則省會已淪陷，或則省疆已不完全。而以適當前線之故，其各縣各地工作之艱鉅煩雜，當十百倍於平時，至於關涉軍事者，則現在的省委會並不能勝任負擔，而早已別歸軍區長官統一支配。然則若在此時，將原有省委會分散，遴派各省委（或另再挑用相當人才）分區負責。如湖北省即可分為襄樊新省荊沙新省等，每一新省長各就其所轄地區下之十餘縣切實聯絡，分頭進行工作。一面受中央指導，一面就近暫聽軍區長官節制。務求軍事民事緊密打成一片，而使每一人選各得切實活潑加強其政務上之貢獻，則似乎此項意見，便可推行於現處前線之各省區。

又次就已淪陷各省區而論。目下中央依舊委派該各省長官在敵人後方工作，其為艱鉅，較之在前線各省區，當更過之。又因重要交通據點及路線，大半為敵人佔去，因此一省機關，要求其能對所轄全省指揮靈活，殊難做到。至論軍事方面，亦早已有軍區長官負責，或即以原委省主席擔任軍事，則對他項民事，勢難兼顧。且如蘇北徐海一帶，其形勢上之聯絡，與魯南豫東之關係轉深，與同省江南之關係轉淺。而同樣江蘇京滬一帶，與浙西皖南之關係轉深，而與同省之江北關係轉淺。設若廢去舊省制，使各新省區可以在敵人後方便利單獨活動，亦可更活潑的相互聯絡，而各受該後方軍區長官之節制，尤較現行省區制似更近實際也。

最後請更就在後方幾個完全省區而論。其工作之艱鉅，超過平常之倍數，凡在後方之人士，皆已目覩。且各省區情形，亦各有變動。即如四川一省，重慶已為中央政府所在地，西康又正在建新省之進程中。大勢所逼，本不能一照舊況。而且目下後方各省主席，幾乎全已別受中央更艱鉅更重大的抗戰任務。（如集團軍司令等）為各省主席之節勞專神起見，為各省委員之加緊工作起見，若照上述意見，分區負責，亦未始不可次第斟酌試行。

至於新省區推行後之省縣長官，（尤其是縣長官）如何妙選人才，以煥然一新全國之視聽，而振作民氣，以切實加緊與軍事之聯絡，而博最後之勝利，此則全屬制度改革後之人事問題，不在本文討論之列。

（二八、四、三〇、《大公報》星期論文）

跋

我在民國二十六年起，一段對日抗戰時期內，不斷在後方昆明成都兩地，絡續寫了好幾篇討論時事的文章，刊登在兩地報紙及幾種雜誌上。民國三十一年，故友劉君百閔在重慶創辦國民圖書出版社，來函索稿，彙集得二十篇，分上下兩卷，取名《文化與教育》，交其付印。於三十二年七月出版。乃當時之所謂國難版，紙張印刷皆劣，字迹糢糊，難於閱讀，亦復難於保存。不久，抗戰勝利，我從四川還江蘇，行笈中尚有此書。及三十八年避赤氛到香港，此書遂未攜帶。及五十六年來臺定居，吾友蕭君政之，已不憶在何年何月，忽攜此書來我寓舍，云此書常隨身懷挾，輾轉流徙，迄仍保留。知我或無此書，故以相贈。又云：恐此書在臺，僅此一本，促我再以付印。我適因他事擱置。越有年，政之又告我，此書已經某書肆重印，並隨攜一冊來，云不意除我外尚有人攜此書來臺。然國難本字迹糢糊，恐重印或多有誤，君當細閱一過。時我正彙集到香港後舊稿，擬加編印，遂將此書通體重讀，於文字上稍有改定，但內容則一仍其舊，以交劉君振強，由三民書局再印，距此書初印時則已四十有四年矣。

我之重讀此稿，竊有兩事，存我心中，有不容已於言者。初在昆明時，西南聯大諸教授，創辦一雜誌，討論戰後世界局勢，大意謂不歸美，即歸蘇。天下將漸趨一統，略如我戰國時代之有齊秦兩帝，因名其雜誌曰《戰國策》。我深不以為然，在成都時，遂草一文曰戰後新世界，即為針對《戰國策》雜誌而發。距今踰三十年，每幸我之臆測，指示世界未來局勢，實未有誤。惟當時亦限於自己內心積習，未敢放言高論。臆測所及，僅止於亞洲一隅。其他如非澳美諸洲，一時見識有限，聰明不夠，未有論及。迄今聯合國中諸邦，以及尚未進入聯合國諸邦，何止在一百五十以上。此戰後新世界，顯屬由合而分，並不是由分而合。較之我此文之所想像，實已超出甚遠，堪供我引以自慚者。然今日世界之紛紜，日滋益甚。實因世界人心，仍多認為此下世界，將分美蘇兩集團，非彼即此，非此即彼。在美蘇兩邦，既未知如何來適應此後世界之新局勢。而戰後新興諸邦，亦未知如何以為自存自立之道。客觀形勢與人心揣摩，實有背道而馳之概。竊謂我之此文，實有仍足供此後人精細閱讀，詳密討論之價值，此為我重讀三十多年前舊文，而益增我自信之一端。

另有一文，為〈改革大學制度議〉。常憶我在成都北郊賴家園齊魯大學國學研究所，忽一日，有某生來，請求收納。自言為武漢大學外文系二年級生，因在報紙上獲讀此文，心厭當前大學教育之無當，特退學前來。我聞之，大為驚詫，謂汝何以驟看報章上一文，即下此決心。某生言不然，先生此文已熟讀能背誦，可當面試背。證我非輕率下此決心者。我言：我此文立論，乃求謀此後之改革。君今毅然退學前來，實為不智。我與貴校王校長極熟，當作書由君攜回，必可准許復學。某生堅不允，謂攜行李來，務懇收留。不得已，許其留所隨讀。一年餘，某生投考重慶某機關，辭去。既不告某機關名稱，去後亦不來信，遂斷消息。我為此文貽誤一青年，含疚不忘，常常往來心中。我今重讀此文，實感仍有討論之價值。然率爾為文，往往利未見而害已形。此書序文，引及李恕谷郭筠仙，心中雖有此感，然自抗戰以來，赤禍踵起，國步方艱，書生之言，終不能自戒絕。此我重讀此稿，而益增我內疚之又一端也。

今此冊又重付梨棗，爰草此跋，以識其緣起，並略表我心之所感焉。

中華民國六十四年十二月歲盡前一日錢穆識

國家圖書館出版品預行編目資料

文化與教育／錢穆著.——三版一刷.——臺北市：三民，2023

面；　公分.——（錢穆作品精萃）

ISBN 978-957-14-7399-4（平裝）

1. 中國文化 2. 教育 3. 文集

541.26207　　111001272

文化與教育

作　　者｜錢　穆
發 行 人｜劉振強
出 版 者｜三民書局股份有限公司
地　　址｜臺北市復興北路 386 號（復北門市）
　　　　　臺北市重慶南路一段 61 號（重南門市）
電　　話｜(02)25006600
網　　址｜三民網路書店 https://www.sanmin.com.tw

出版日期｜初版一刷 1976 年 2 月
　　　　　三版一刷 2023 年 1 月
書籍編號｜S520380
I S B N｜978-957-14-7399-4